Weihnachten 1998 von Ellen

Miegel · Mein Weihnachtsbuch

Agnes Miegel

Mein Weihnachtsbuch

Verlag Gerhard Rautenberg

Die Deutsche Bibliothek – CIP-Einheitsaufnahme
Miegel, Agnes:
Mein Weihnachtsbuch / Agnes Miegel. – Leer:
Rautenberg 1994
ISBN 3-7921-0539-X

Dieser Band ist eine Neuausgabe des gleichnamigen, im Verlag Eugen Diederichs erschienenen Titels.
Gesamtherstellung: Rautenberg-Druck GmbH, 26787 Leer
Printed in Germany

ISBN 3-7921-0539-X

INHALT

ZUM GELEIT

Irgendwo auf dem Bodenspeicher eines alten Hauses, unter den großen Schränken, unter Leinwandtruhen, Mottenkisten und verstaubten Weidenkörben, – oder im weißlakkierten hohen Fach des eingebauten Wandschranks in dem neuen Haus steht sie, jahrüber unbeachtet, halbvergessen, bis zu dem Tag vor dem ersten Advent, – die graue Schachtel mit dem Weihnachtsschmuck.

Es sind keine Kostbarkeiten, die ein Dieb begehren würde, – was sie in Schächtelchen und Seidenpapierhüllen birgt, wenn es auch von Gold und Silber darin funkelt. Aber schon das erste grüngeflügelte Musikantenengelchen, das ihr entsteigt, – immer wenn die allererste Adventskerze mit sanftem Schein durch die Winterabenddämmerung strahlt –, weckt mit seiner Flöte Erinnerung an Kinderzeit, an langvergeßne Zeiten, wo man »Wunschzettel« schrieb und Weihnachtsgedichte lernte. Längst verdorrte, verbrannte Tannen stehn wieder vor uns, wie die alten vergoldeten Walnüsse, die versilberten Tannenzapfen unter der Wattedecke vorsehn. Ein altersgraues Wollschäfchen zaubert einen ganzen Tisch voll Geschenken zurück, mit Reisespiel und Robinson, an jedem Faden des sorgsam gebündelten Engelhaars hängt ein »weißt – du – noch?« – und der braune Wachsfleck auf einem Leuchterrand wird zur magischen Beschwörung teurer Gesichter, die uns im Kerzenschein über grünen Tannenzweigen leise lächelnd entgegensehen, als hörten sie mit uns auf ein Krippenliedchen. Und der große goldene Stern, der wieder von der höchsten Spitze des Weihnachtsbaumes funkeln soll, – wird zu dem Stern über dem Stall von Bethlehem.

Solch eine Weihnachtsschachtel, meine eigne, unverlierbar durch Flucht und Ferne getragne, ist dieses Buch. Kinderweihnachtsglück, Heimat und Jugend, treue Freundschaft unter fremdem Baum, Weihnachten in Krieg und großen Schrecken und letzte stille Adventswochen und Weihnachtsabende im Frieden des Alters sind darin, die ich euch zeigen möchte, wenn ihr um den Adventskranz sitzt, oder im verlöschenden Schein der letzten Kerzen an eurem Baum, an dem Abend, wo wir alle Geschwister sind.

A. M.

ADVENT

Der erste Schnee weht übers Land,
Weiß ist und still der Flockenfall,
Ums Haus der Abendnebel zieht
Und leis klingt erstes Krippenlied.
Gottvater legt den Weltenball
In seines jungen Kindes Hand.

O Unschuld, die ihn lächelnd hält,
Den bunten Ball, bewahr ihn gut,
Lösch aus den Brand, wisch ab das Blut,
Gib, ewig-junges Angesicht,
Uns neuen Mut mit neuem Licht,
Und wieg in Deiner Hände Hut
Zur Ruh die aufgestörte Welt!

VORWEIHNACHT IN DER ALTEN HEIMAT

Auch im Alter, so weit von der alten Heimat entfernt, ist es doch noch immer das gleiche für mich: mit dem ersten Adventssonntag, wenn das Licht der Kerze sich erst zögernd und dann immer heller leuchtend gegen die Dämmerung behauptet, fühle ich, daß der grüne Tannenkranz sich zu einer Waldinsel weitet, unter deren dichten Zweigen ich in einer feierlichen Stille umherwandere, ganz allein, wenn auch viele andere Gestalten unter den Tannen vorübergleiten. Unter den tief herabhängenden Ästen locken in silbernem Gefunkel alle Herrlichkeiten der Welt, buntes Spielzeug und goldene Ketten, schöne Kleider und erste Tulpen, dicke Bücher der Weisheit neben rosigen Säuglingspuppen. Aber all das ist nur zum Beschauen aufgebaut, beim Gesang silberner Glasvögelchen und dem Glockengeläut kleiner Engelsreifen. Verspüre ich nur einen Wunsch nach dem Besitz dieser Dinge oder gar einen kleinen Schatten von Neid, dann fällt es kalt und weiß wie Schneeflockengeriesel über den Wald, nichts bleibt als eine verqualmende Kerze im grünen Kranz und draußen vor dem Haus ruft und rollt der Alltag.

Aber wenn ich ganz still und andächtig in das Kerzenlicht blicke und dabei versuche, ob ich auch alle Verse eines alten Weihnachtsliedes noch richtig aufsagen kann, dann wird das Licht immer heller und heller. Auf einmal ist es nicht mehr die Wachskerze, sondern die alte Petroleumlampe mit dem Milchglasfuß, die vor mir auf dem ovalen Tisch in dem alten Wohnzimmer meiner Kinderzeit in Königsberg brennt. Ihr sanftes Licht scheint über die Decke, über das braune Ripssofa, aus dessen Ecke mich Mohrchen mit bernsteinbraunen Hundeaugen anblickt. Das blanke Uhrpendel des Regulators geht hin und her, das Glas der großen Stahlstiche zu seinen Seiten glänzt hell. Durch die dichtverhängten Fenster mit den weißen Gardinen weht der eisige Hauch des Winterabends bis zu mir, wie ich da auf dem zu hohen Stuhl sitze. Ich kaue am Federhalter und starre auf das weiße Blatt vor mir. Schön mit Rotstift ausgemalt steht da in meiner besten Schrift »Wunschzettel« und darunter etwas schief gezogene Linien. Aber wie ich auch immer wieder die Feder in das blaue Tintenfaß tauche, nichts will mir einfallen. Zwei dicke Tränen tropfen auf das Blatt. Aber hinter mir steht jemand, weich, warm und tröstlich. Mutters kleine Hand liegt auf meiner Schulter und sie flüstert: »Schreibe! Morgen ist der erste Advent und Vatchen muß doch den Zettel zum Weihnachtsmann bringen! Es wird dir schon was einfallen, und wenn du es fertig hast, dann darfst du Montag die Marzipanmandeln abschluppen. Schreibe nur: ein Tuschkasten, ein Ballnetz, neue bunte Fausthandschuhe!« Ja, nun weiß ich weiter: » – und eine ganz ganz kleine Puppe mit blauen Schlafaugen! Und darf ich dann diesmal auch richtig beim Marzipanbacken helfen und den Rand mit der kleinen Zange kneifen? Ja? O!«

Ach, kein Wunsch auf dem weißen Bogen an den Weihnachtsmann – der damals noch kein allzu irdischer, dicker Wattebartgreis war, sondern ein wunderbarer Wintergeist, der im Schlitten aus dem Walde kam und den nur die Eltern trafen, um ihm unsere Wünsche zu übermitteln und im Vorübersausen Pakete aufzufangen –, nein, kein Wunsch war so brennend wie der, endlich mit einer langen Schürze meiner Mutter zwischen ihr und den Tanten und Mädchen herumzuständern und heiß und beseligt bei dem großen Familienfest des Marzipanbackens mitzuhelfen! Alle Schulaufgaben und -nöte lagen weit hinter einem Berg aus gelblichem Mandelgeflock, alle Fußangeln der Verben avoir und être gingen in einem See aus Puderzucker und Rosenwasser unter. Kein früher Schulweg zwischen hohen Schneewällen drohte hier vor der sanften Glut des eisernen Deckels mit den glosternden Holzkohlen, der über die blinkende Marzipanpfanne mit den kleinen Figuren des Teekonfekts gestülpt wurde. Mit dem kleinen Blasebalg, den schon die Großmama im Backfischkrinolinchen mit genau demselben Gefauche seines Lederbalgs bewegt hatte, durfte ich unablässig die stille Glut anfachen.

Und wie lehrreich war so ein Marzipantag! Nicht nur, was die Mischung von Mandeln und Puderzucker betraf und das Muster, das die blanken Zänglein in den Rand knifften, der wie ein Damm später den rosenduftenden Zuckerguß und die Geleefülle beim Erstarren schirmte. Was hörte man dabei an Erinnerungen an längst vergangene Marzipanbäckerei in langen Friedensjahren, ja sogar aus fernen Kriegs- und Notzeiten, wo selbst Königsberger Hausfrauen gezwungen waren, Kartoffelmarzipan mit Mandelessenz zu backen! Auch wußte die eine Tante zu berichten, daß ihre selige Mutter immer Jamaikarum ins Marzipan genommen hatte. Es sollte dadurch bekömmlicher werden, weil sie mehr bittere Mandeln hineinnahm als sonst üblich. Die andere Großtante hatte aus Trauer um ihren seligen Ferdinand sozusagen den Schokoladenguß für die Marzipanherzen erfunden, den wir aber teils aus heiterem Gemüt, teils aus Geschmacksgründen ganz ablehnten.

Am Abend bekam jede der Tanten nach einem ausgiebigen Mahl, zu dem stets Gänseklein in Aspik gehörte, ihr reichliches Schmeckpäckchen mit, mit vielen Entschuldigungen, weil es noch so frisch war. Vorher aber probierten wir alle es noch rundum und gaben sachverständigste Urteile ab, wenn sie auch nicht abschließend sein konnten, da ja das Marzipan nun erst in den eiskalten Saal zum Ablagern kam. Worunter man sich keinen Festsaal nach westdeutschen Begriffen denken muß. Saal hieß an der Ostsee-Waterkant die dreifenstrige gute Stube mit dem hohen Pfeilerspiegeln und dem Kronleuchter, die nur zu Feiertagen und Familiensonntagen, dann aber drei Morgen und Abende lang geheizt wurde. Im Sommer schlief der Saal unter weißen Mullbezügen und im Winter ersetzte er einen Kühlschrank für Lebertran und Marzipan. Dort standen vom ersten Dezember ab in Reih und Glied die hohen blauen Tüten mit Walnüssen und Haselnüssen. Auf einem Plüschsessel lag die blaukarierte Leinenzüche mit den Tilsiter Pfeffernüssen und wartete auf lottospielende Kinder. Aus knitternden klaren Papierhüllen rollten weißbezuckerte harte »Steinpflaster« und flache »Holländer« neben den Stapel der Thorner Katharinchen. Auf den Marmorplatten der Spiegel waren ganze Regimenter Pralinen aufmarschiert, die am Tag nach der Marzipanbäckerei aus den Resten der Mandelmasse und des Zuckergusses mit besonderen Zutaten geformt und auf dem Petroleumöfchen mit einer Stricknadel in dunkler Schokolade gewälzt wurden. Alle warteten sie hier auf den großen Augenblick, wenn der Festtisch ausgezogen und ihr Inhalt genau abgezählt in die bunten Teller gleiten würde, in denen schon je ein roter Apfel und eine kleine Apfelsine lagen. Die Krönung bildete dann eines der Marzipanherzen oder ein Halbmond oder Sternchen von den pergamentbedeckten Brettern, vor denen jetzt meine Mutter, eingemummt wie zur Schlittenfahrt unter der weißen Schürze, auf dem Klavierschemel saß. Neben ihr, auf meinem Kindertisch, standen kleine Einmachgläser, aus denen sie mit winzigen Gabeln bunte Stilleben aus gezuckertem Kürbis auf den eisblanken Zuckerguß des Marzipans zauberte. Halbe schwarze Walnüsse, gelbe Orangescheiben und klare süße Schabbelbohnen brachten das Kürbisrot prächtig zur Geltung.

Blaugefroren, zitternd vor Kälte, standen wir bei gelegentlichen Besuchen im Saal herum, um diese Gebilde zu bewundern. Wir bedauerten es sehr, daß nur wir und die engste Freundschaft – wenn diese auch bei uns wie im Baltikum eine recht weite war – solche Geschenke bekommen sollte, nicht die Geschäftsfreunde. Das waren seriöse Herren, welche kometengleich im Laufe des Jahres bei uns auftauchten und sich guten Frühstücken mit Lachsbrötchen und Maränen oder Möveneiern nicht abgeneigt zeigten. Aber in sehr unverständlichen Dialekten zogen sie das dunkle Ponarther Bier oder helles Englisch-Brunnen unserm berühmten milden französischen Rotwein vor. Woraus wir schlossen, daß man diesen Herren zu Weihnachten lieber einen Konditorsatz Marzipan zu senden hatte, am besten von Plouda. Wir bedauerten dabei jedesmal, daß diese Empfänger leider mit dem Kurierzug kamen und entschwanden und kein holländischer Kapitän unter ihnen war, damit wir uns bei gelegentlicher Besichtigung seines Schiffes davon überführen konnten, ob in der Kajüte wirklich der letztjährige Marzipansatz goldgerahmt als Stilleben hinge, wie die Sage erzählte. Aber vielleicht prangte da unter Glas bloß eines der runden Lübecker Marzipanreliefs, unschuldsbleich mit einem rosa Rändchen geschmückt ohne die lecker glänzende braune Kruste unseres Marzipans und von uns Königsbergern mit dem nachsichtigen Erstaunen betrachtet, das man auf dem Messestand für die Erzeugnisse der Konkurrenz übrig hat.

Nein, Marzipan, das waren wir, die Bürger der Stadt der reinen Vernunft und unserer altberühmten Konditoreien! Deshalb nahm es auch in jedem Haushalt solch einen Ehrenplatz ein.

Das andere Backfest der Adventszeit, die Weihnachtsbäckerei, die teilten wir ja schließlich mit allen deutschen Geschwistern von der Maas bis an die Memel. Wenn es auch noch so herrlich war, auch dabei in Mutters Schürze sogar noch mit einem Kuchenhandtuch um den Leib – weil nichts so klebt wie Pfefferkuchenteig – beglückt zu helfen. Und wenn auch jeder Haushalt und jeder Familienclan auf seine Geheimrezepte schwor – etwas Besonderes war es damit nicht. Ebensowenig wie das Kleben der Goldketten und das Vergolden und Versilbern der Haselnüsse und Walnüsse, der Tannenzapfen und Kiefernschischken am Sonnabend vor dem zweiten Advent, – wo ich mir beim Anheften der grünen Seidenschlinge im heißen Packsiegellack immer die Finger verbrannte, bloß weil die Mutter und die Tanten dabei die Weihnachtsgeschichte aufsagen ließen. Dafür halfen die jüngeren Tanten später heimlich bei meiner Weihnachtsstickerei und sahen auch das Weihnachtsgedicht nach, das ich mit spitzer Sonnenfeder auf den kostbaren Bogen geschrieben hatte, wo die Raphaelischen Engelchen vor Glitzerschnee funkelten.

Gleich guten Feen erschienen auch die alten und jungen Tanten wieder am Sonnabend vor dem letzten Advent. Erst gab es mit ihnen einen gemächlichen Spaziergang in der Dämmerung durch die verschneiten Straßen mit eifrigem Schaufensterbesehn. Schon das war schön – aber noch schöner war das gemeinsame Backen der Pfefferkuchen. Doch davon ist andern wenig zu berichten, denn unsere Anisplätzchen und Elbinger Zuckernüsse waren den Springerle und Zimtsternen der Frankfurter Freunde doch recht verwandt und unsere »Pommersche Bombe« – o arglos gebrauchtes Wort der Friedenszeit! – glich der schlesischen Liegnitzerin ganz geschwisterlich.

Es war vielleicht nur die übermäßige Fülle der guten Pfefferkuchen, die da so duftend in vielfacher Gestalt, zuletzt sogar in Fladengröße, mandel- und zitronatbesteckt aus dem glühenden Ofen kamen, die etwas Besonderes bedeutete. Auch gab es wohl nirgends als bei uns diesen lockeren Pfefferkuchenteig, blond vom hellen Lindenhonig der Niederung, dessen Geheimnis Gänseschmalz hieß. Wenn dann die Küche wie eine Eisenhütte glühte – denn wer hätte gewagt, ein Fenster aufzureißen, als die Plätzchen im Rohr sich schon bräunten! –, dann begannen wir, heiß und überwacht, heiser vom Zuckerdunst, ein erstes Weihnachtslied zu singen. Ganz leise, halb unbewußt, aber dann immer lauter und froher. Eine nach der anderen fiel ein und zuletzt hatten wir alle gesungen, von »Ihr Kinderlein kommet« bis »Vom Himmel hoch«.

Nur nicht »Stille Nacht«, denn das gehörte für uns allein zum Heiligen Abend, wenn der Baum brannte.

Denn es soll niemand denken, daß wir in diesen irdischen Genüssen aufgingen oder widerstandslos ihrer süßen Lockung verfielen. Nicht nur, weil noch kein Konditor je auf Kuchen versessen war, gesättigt vom süßen Duft, wie er es ja sein muß. Sondern weil all diese vorweihnachtliche Geschäftigkeit ganz anders war als sonst eine Bäckerei. Sie stand im Zeichen eines anderen Lichtes als dem der Küchenlampe oder der lieben alten Petroleumlampe, sogar nicht mal in dem des Kronleuchters im Saal. Sondern recht eigentlich im Schein der wachsduftenden, tannenbekränzten Kerze, die nun schon auf dem festlich gedeckten Kaffeetisch auf uns alle wartete und mit ihrem goldenen Schein immer strahlender aus der blauen Dämmerung des Frostmorgens leuchtete!

DER GLÄSERNE HIRSCH

In dem birkenen Glasspindchen, das schon meiner Großmutter Spielsachen barg, dann die meiner Mutter und ihres Bruders und schließlich die meinen und das jetzt so nach und nach all die Andenken enthält, die man in einer Kette von Jahrzehnten sammelt – in diesem Glasspindchen, dessen Schlüssel bei Kinderbesuch immer gerade verlegt ist, steht neben dem gelben indischen Fakir, dessen Kopf durch das magische Mittel Siegellack ihm wieder anzuwachsen pflegt, wenn er ihn mal ablegt, ein kleiner, weißer Hirsch. Es ist das allerschönste weiße Hirschchen, das man sich bloß denken kann, und durchaus wert, von so einem frommen Büßer tagaus, tagein betrachtet zu werden. All meine kleinen Gäste pflegen ihn sofort zu sehen! Das will was sagen, denn das Glasspindchen enthält noch eine schwere Menge Schätze – so zum Beispiel ein holländisches Riechsalzbüchschen aus Silber, aus dessen Schwämmchen noch süßester Rosenduft steigt, es liegt drin ein alter kunstvoll gefältelter Patenbrief mit Damen in zinnoberroten Reifröcken, eine Walnußschale mit Bernsteinperlen und eine gehäkelte Frau Pfarrerin auf grünem Bänkchen mit einem Strickzeug, nicht größer als eine Erbse – – –

Es war vor mehr als fünfzig Jahren, im Spätsommer in Cranz. Die Ferien waren beinah zu Ende, es war wie immer im Juli heiß und blau gewesen, aber mit der Roggenernte kamen die Gewitter, und dann folgten ein paar entsetzliche Wochen, nichts als Sturm und Regen – solcher Sturm, daß bloß Erwachsene »auf eigene Gefahr« in der See badeten und wir Kinder höchstens bis in die Badebude mitkommen und von da, sicher vor Regen und spritzendem

Schaum geborgen, zusehen durften, wie die Mama und die Tanten in der Brandung hin und her rollten an dem langen Tau, das die dicke Badefrau sich um ihre graue Friesjacke gewickelt hatte. Auf dem Nachhauseweg kämpfte man mit dem kleinen Regenschirm gegen den Sturm an, der über die Dünen brauste, und kam ganz wirr im Kopf von dem Lärm nach dem kleinen Sommerhaus, um da den Rest des Tages in der Küche zu sitzen, Schischken ins Herdfeuer zu werfen und Frag- und Antwortspiele, Abheben und Glocke und Hammer mit den Nachbarskindern zu spielen, bis man sich vor Langeweile zankte.

Da kam eines Tages der Vater früher als sonst aus der Stadt und sagte, daß er sich frei gemacht hätte, um mit uns ganz was besonders Hübsches zu sehen. Wie wir dann mit ihm, alle mit gesenktem Kopf, gegen den tobenden Weststurm angingen – die See donnerte dazu wie Kanonen, die über eine Bergchaussee rollten –, da merkten wir, daß er uns nach dem Markt führte zu einem grauen, großen Zelt, dessen Leinwand da im Sturm gespensterhaft sich faltete und gegen die Stangen klatschte. Wir rieten auf Löwen, Zwergtheater, dickste Frau der Welt und Hundezirkus, – alles war uns vom Jahrmarkt bekannt. Aber der Vater schüttelte den Kopf, und als wir dann endlich in dem Zelt saßen, wo man kaum was vom Sturm spürte, sagte Vater, daß wir nun etwas sehen würden, was für ihn als Kind das Allerschönste gewesen sei, noch viel, viel schöner, als wenn die Zillertaler sangen: Thüringer Glasbläser!

Wie er das sagte, hob sich der Vorhang, da war so was wie eine alte Bauernstube, und ein alter Mann stand da an einem Tisch mit allerlei sonderbarem Gerät. Von der Seite her kam ein junges Mädchen – wir machten den Mund auf und starrten sie an, so schön sah sie aus! Sie hatte ein Samtmieder und ein hellblaues Wollröckchen mit Samtband besetzt – aber das Hübscheste waren ihre langen, hellblonden Zöpfe. Sie machte einen Knicks – es war so überwältigend, daß man ganz vergaß, rasch aufzustehen und wiederzuknicksen! Mit einer leisen, zarten, ein bißchen ängstlichen Stimme erzählte sie allerlei von den Geräten, wovon wir gar nichts verstanden – erstens des Thüringschen wegen und dann vor Bewunderung.

Währenddem hatte der alte Mann, der einen langen Bart trug und längst nicht so fröhlich aussah, wie er's sein mußte neben solchem holden Märchenwesen, an den Öfchen, Tiegelchen und Kolben hantiert, und dann war da auf einmal eine lange, spitze, sausende Flamme, er blies und drehte, es war da etwas zauberhaft Rotglühendes, das wie eine Blume aufblühte und einem im Torffeuer verglühenden Schischke irgendwie ähnlich war – er blies es hin und her, dann zischte es – und auf einmal verwandelte es sich in einen weißen Vogel! Wurde erst gezeigt und dann herumgereicht und war und blieb das schönste kleine Vogelbild, eine weiße Gussegans mit rotem Schnabel und roten Füßchen, leichter als eine Schneeflocke. Wir hatten aber gar nicht Zeit, um zu merken, wohin sie verschwand, denn nun stand das blondgezöpfte Mädchen da an den Zaubergeräten und spann Fäden aus dem heißen Glas – sie zog sie an einem Haspel, sie wickelte und drehte – und was sie dann zeigte, das war feiner als Altweibersommer, schimmernder als Puppenhaar. Wir wollten uns merken, wie sie das anstellte – aber wer kann aufpassen, wenn er schwindlig ist vor Bewunderung und Entzücken und sowieso sicher, daß es sich bei solcher Kunst doch um Hexerei handelt – eine ganz unschuldige, sozusagen erlaubte Hexerei (sonst hätte der Vater einen ja nicht dahin genommen), aber doch Hexerei!

Wie wir herauskamen aus dem grauen Zelt, wie der Heimweg war – sicher sehr rasch, denn wir hatten den Sturm im Rücken –, das weiß ich nicht. Denn ich bekam beim Herausgehen von einem kleinen Tisch, an dem eine freundliche alte Frau saß, in ein dickes Tuch gewickelt und mit einem sonderbar gedrehten schwarzen Tuch auf dem Kopf, – einen kleinen blauen Glaspfau mit einem Rad aus irisierendem gesponnenem Glas. »Den hat meine Tochter gemacht!« sagte die Frau freundlich zu mir, sie hatte gewiß meine Blicke gesehen!

Wie ich den blauen Pfau liebte, das kann ich nicht sagen – er war für mich die schönste Ferienerinnerung, er war das blonde Mädchen in dem grauen Zelt, es waren ihre blanken Augen, ihre geschickten Hände, ihr weiches glänzendes Haar. Aber es war mehr – es war unverstandene, zauberhafte Zwergenkunst, es war geheimes Wissen eines fremden Waldvolks, es war Thüringen selbst und der Wald.

Eines Tages war der Pfau fort – wohin er gekommen war, ob er beim Reinemachen zerschlagen war, ob irgendein Besuch ihn mit schlauer Bewunderung meiner Mutter abgelobt hatte – sie war noch ganz von der alten ostdeutschen Ansicht durchdrungen, daß es schlimmste Unhöflichkeit wäre, einem Gast nicht das zu schenken, was er so pries – wie es auch sei – der Pfau war und blieb fort!

Ich haßte von klein an alles Gejammer und habe mich schon damals immer mit Tatsachen abgefunden. Aber einmal kam mein Kummer doch heraus – das war Jahre später, als ich mit dem kranken Vater wirklich nach Thüringen kam! Da war ein nettes dunkles Fräulein, das mir sehr alt vorkam, mindestens so alt wie meine Tanten – von der ich heute annehme, daß sie so etwa vierundzwanzig war, denn sie lernte bei dem lieben alten Ehepaar, in deren altmodischem Gasthof wir wohnten, die Wirtschaft. Die war sehr gut zu mir, und einmal, als ich in der Laube saß und zusah, wie sie Bohnen schabbelte und mir erzählte, daß sie aus einer Glasbläserfamilie kam (was ich zuerst nicht glauben wollte, denn wie konnte man dann so dunkle krause Locken haben!) – da begann sie von meinem Pfau zu erzählen! Es war eine ziemlich lange und einigermaßen verworrene Geschichte, in der der Pfau und die Blonde immer eine Person waren, und ich wurde so entsetzlich betrübt, daß mich nicht einmal die Erlaubnis tröstete, an der Himbeerhecke so viel Beeren zu pflücken, wie ich essen mochte, auch nicht das Versprechen, mit nach Saalfeld zu fahren, wo auf dem Markt Seiltänzer vom Rathaus bis zur Post gingen – ganz hoch über allen Menschen, mit einer Puppe in grüner Haube!

Es half nur, daß meine gute, dunkle Freundin sang – alles sang, was sie mir (– denn ich schlug Kapital aus ihrem Mitgefühl –) versprach: »Ach, wie ist's möglich dann« und »An der Saale hellem Strande« und »Auf den Bergen die Burgen«. – Eine glockenreine, richtig holde Thüringer Stimme hatte sie, beinahe hätte ich gezeigt, wie vergnügt ich darüber wurde, noch ehe sie mir mein Lieblingslied sang: »Es zogen drei Jäger wohl auf die Pirsch – sie wollten erjagen den weißen Hirsch« – –

Ich saß auf dem Rasen, sah über ihr, die beim Singen fleißig weiterschnippelte, über den roten Wildweinranken die Berge im Spätnachmittagslicht, den hellen Himmel darüber, und dachte, daß ich ganz genau wüßte, wo der weiße Hirsch wohnte: in den dunklen Tannenwäldern hinter Paulinzella, ganz tief in einem kleinen Haus, mit lauter Schieferschindeln gedeckt wie ein schwarzer Tannenzapfen. Da wohnte das schöne Mädchen, und früh am Morgen trat sie aus der Tür und nahm Abschied von dem weißen Hirschchen, ihrem Bruder, der sprang dann in den Wald! Ob ich von diesem Traum meiner Freundin in der Bohnenlaube erzählt, weiß ich nicht. Vielleicht hat sie es bloß erraten – denn das ist sicher, die Menschen »vom Wald« verstehen sich auf freundliche Hexerei.

Wie's auch gewesen ist – jedenfalls kam am Weihnachtstag ein Paket für mich mit dem gelben Postwagen. »Fräulein« stand sogar darauf! Und die Handschrift der Adresse sah der meiner dunklen Thüringerin auf ihren Karten an mich recht ähnlich – bloß daß die mit schwarzer Tinte schrieb – und diese war blau, ganz leuchtend, richtig pfauenblau! Aus dem braunen Packpapier schälte sich eine bunte Spanschachtel, mit goldenem Faden umbunden, ein Zettelchen hing daran, drauf stand bloß »Sie wollten erjagen . . .«

Und als ich's aufgeknüpft hatte, da lag drin auf grünem Seidenpapier – fein geschnibbelt war es, wie zartes Gras aus einer Waldlichtung – der allerschönste, kleine weiße Hirsch, den je ein Kind gesehen – zierlich, hochbeinig, mit stolz gewendetem Köpfchen, mit schwarzen Äugelchen, mit einem herrlichen spitzen Geweih – ein Wunderwerk der Glasbläserei, hauchfein und leicht und weißschimmernd wie eine Schneeflocke!

Und ich wußte, ich wußte es ganz genau, daß die Blondgezöpfte, die tief im Tannenwald hinter Paulinzella in dem kleinen schiefergedeckten Haus wohnte mit ihrem Brüderchen, dem weißen Hirsch, die Kunstreiche, die auf ihrer Haspel das Glas spann, das so glänzte wie ihr Haar – sie, die eigentlich ein blauer, schöner, großer Vogel war – mir diesen weißen Hirsch gesandt hatte! Ich stellte ihn in das Glasspindchen und verlegte den Schlüssel für die Zwölf-Nächte – ich besah ihn lieber selbst nur durch das Glas –, denn er sieht heute noch, nach so vielen Jahren aus, als wollte er im Wintersturm davonlaufen mit den Schneewolken – weit fort, bis in den Thüringer Wald!

MOHRCHEN

Es war nur ein kleiner Hund und für Fremde ein struppiger, lärmender Affenpinscherbastard. Für uns zu Hause aber war er fünfzehn Jahre lang unser treuer Freund und für mich mein bestes Weihnachtsgeschenk, das ich je erhalten habe.

Ich war noch sehr klein, aber eines Tages, als ich vor meinen Spielsachen saß, kam ich hinter die Erkenntnis, daß alles eitel ist. Papierpuppen und Puppenstube freuten mich nicht, und auch meine Geburtstagspuppe Anna liebte ich nicht mehr, seitdem es sich erwiesen hatte, daß ihr Bauch unter der Pracht des himmelblauen Staatskleides nur Sägemehl barg. So saß ich denn und bockte still und andauernd, bis Minna, meine alte Amme, es versuchte, mich abzulenken, und mir vom Weihnachtsmann erzählte. »Denk mal nach, was er dir bringen soll!« riet sie mir. Und ich sagte sofort: »Was Lebend'ges.« Es dauerte nicht sehr lange bis zum Fest, und ich war mit mir einig, daß der Weihnachtsmann mir meinen Wunsch nicht erfüllen könnte; denn ich hatte schon meine Erfahrungen mit ihm und dem Geburtstagsengel gemacht: alles Artigsein und alle heißen Wünsche hatten mir kein Brüderchen gebracht. Minna tat zwar sehr geheimnisvoll, und Anna war verschwunden, nachdem sie welk und dünn geworden und ihre Flachslocken durch zu viel Kämmen ausgegangen – aber das erregte und freute mich nicht weiter, beides gehörte sozusagen zum Fest, gerade wie das mir höchst widerwärtige Gedichtlernen. Ich begriff nicht, wozu mich Minna damit plagte, und begriff erst recht nicht, warum ich es den Eltern nicht gleich, als ich es konnte, aufsagen durfte, sondern damit warten sollte, bis ich mir damit die Freude am brennenden Baum verdarb. Aber Große hatten sonderbare Ansichten, die ich längst ergeben hinnahm; da ich aber der Meinung war, daß man sich diesen Ansichten nicht ganz unterwerfen müßte, so preßte ich Minna und Tante Lusche, die mich dabei »überhörten«, das Versprechen auf ein Paar warme Würstchen am Heiligen Abend ab. Außerdem fuhr ich recht oft in den rosenduftenden Zuckerguß, den Tante Lusche rührte und der auf die Pfefferkuchen kam. »Wenn du artig bist, bringt der Weihnachtsmann aber ganz was besonders Hübsches«, sagte Tante Lusche und tat, als bemerkte sie mein Schlecken nicht. »Rate, wie es aussieht!« Ich riet rund, groß, dick, lang, bunt – aber alles war nicht richtig. Endlich kam ich dahinter, daß es »schwarz« war. Noch abends im Bett mußte ich daran denken, als ich meine Milch trank. Was konnte nur schwarz sein? Ich fing an, Angst zu bekommen, daß Anna eine schwarze Perücke erhielt. Sie hatte himmelblaue Augen und mußte blonde Locken haben!

Am Tage vor dem Heiligen Abend wurde ich wie jedesmal zu den Tanten ins Stift gebracht, um dort bis zur Bescherung zu bleiben. Das war schon für sich ein Fest; der lange Weg zwischen den hohen Schneewällen zur Seite des Bürgersteigs kam mir stundenweit vor, und das alte Stift neben der Kirche war für mich eine wohlbekannte, aber immer gleich wunderbare fremde Welt. Ich wurde mit Bratäpfeln und Zuckerkringeln bewirtet, bekam zum Abendbrot Buchweizengrütze statt Milch, und mein Bett war wie allemal mitten in dem himmelblau gestrichenen Wohnzimmer zwischen den alten Möbeln in der größten Schublade von Tante Uschens Kommode gemacht. In diesem Jahr war es schon ein bißchen eng und unbequem, auch wenn ich mich ganz zusammenrollte. Aber es war trotzdem schön, dadrin so wie im Nest zu liegen und draußen hinter den dicken Läden den Schneesturm sausen zu hören und hin und her die heisere Uhr vom Kirchturm oder die Schritte der Vorübergehenden.

Dann kam der Heilige Abend, ein Tag voll quirlender Unruhe und Erwartung für mich, die mich nicht zum rechten Genuß der eigens für mich auf dem Dreifuß gebackenen Apfelflinsen kommen ließen. Zudem mußte ich nochmal das Gedicht aufsagen, das mir schon so über war, daß ich mich dabei versprach. Zum Trost holte Tante Lusche lila Wolle, und wir spielten »Abheben«, und Tante Usche gab mir den Milchtopf mit dem blaugelben Würfelmuster. Aber ich war doch erst zufrieden, als die Turmuhr fünf schlug und wir losgingen. Ich war so verpackt, daß ich kaum weiterkam. Während Tante Usche die vielen Schlösser zuschloß, reckte ich den Hals und guckte nach oben. Über dem mächtigen schwarzen Kirchendach und dem hohen schlanken Turm mit den geschweiften Giebelchen funkelten und glitzerten unzählige Sterne am dunkelblauen Nachthimmel. Über der schwarzen spitzenfeinen Krone der kahlen Pappel schimmerte ein sprühender weißer Schein. »Das ist die Milchstraße«, sagte Tante Usche. Und dann nahmen sie mich beide an die Hand, und wir trabten los. Der Schnee sang pfeifend wie Seesand, die Luft kam uns so eisig entgegen, daß es mir den Atem versetzte. Oft blieben die Tanten stehen, hielten mir ihre Muffen vors Gesicht und ließen mich ein bißchen Luft schöpfen in der Wärme. Dann guckte ich über das kribbelnde Pelzwerk nach den hellen Fenstern. Hier und da brannte schon ein Baum.

Ganz dicht vor dem Dom hörten wir die Stadtmusik, aber wir begegneten ihr nicht. Ganz leise kam es näher, schwoll an und ging weiter, feierlich und schön. Ich seufzte pustend in Luschens Muff, den sie mir fürsorglich vor meinen vor Freude weit aufgerissenen Mund hielt. Mir wurde benommen und ein bißchen übel bei dem Choral, als ob ich schon vom bunten Teller gegessen hätte.

Zu Hause wurde ich schnell aus meinen Hüllen gewikkelt. Minna war aufgeregt. »Er is noch nich da«, sagte sie immer wieder. Ich dachte, sie meinte den Weihnachtsmann, und wartete geduldig in dem halbdunklen Zimmer neben meiner leeren Puppenwiege. Endlich ging die Klingel – fast im selben Augenblick, wie die Türklingel draußen gezogen wurde; und dann durfte ich, zappelnd vor Ungeduld, in das Vorderzimmer.

Es war hell und festlich. Vor dem Spiegel stand der brennende Weihnachtsbaum, viel, viel schöner als alle anderen Weihnachtsbäume, mit der alten silbernen Spitze und dem glitzernden Engel, mit dem kleinen Pappestorch, der sich immer drehte, und dem rotbackigen Wickelkind. Neben dem Tisch, auf dem Anna saß – rund und in einem schwarzseidenen Mäntelchen und mit richtigen blonden Zöpfen –, standen die Eltern, der Vater noch mit dem brennenden Wachsstock in der Hand, die Mutter übermüdet und gerührt mit gefalteten Händen, und warteten auf das Gedicht.

Ich war gar nicht in der Stimmung, es aufzusagen; ich brannte darauf, um den Baum zu hopsen, mich davor zu wälzen, bis die weiße, gute, gestickte Schürze grau war, Annas Zöpfe aufzuflechten, – aber ich sah im Spiegel hinter dem Widerschein des strahlenden Baumes Minnas Hand, die einen Teller hielt, und auf dem Teller lag ein Paar Würstchen. Das führte mich auf den Weg der Pflicht. Tante Lusche sagte außerdem schon ganz leise hinter mir die erste Zeile:

Die schönste Zeit, die liebste Zeit,
sagt's allen Leuten weit und breit,
damit sich jeder freuen mag . . .

Weiter kam ich nicht. Minna kreischte und sprang zur Seite, Tante Usche schrie auch und schlug mit der Hand auf ihren braunen Taftrock, Tante Lusche sagte: »Nun sieh einer!« und Vaters Wachsstock erlosch, nachdem er den Teppich gründlich betropft hatte. Etwas Schwarzes, Ruschliges und sehr Winziges zappelte sich aus den braunen Taftrüschen, in denen es sich im Hereinjagen verfangen hatte, prustete vor Aufregung, überkugelte sich, starrte entsetzt den Weihnachtsbaum an, heulte ein bißchen, wütete sich und kläffte uns mit heisrem Hundestimmchen an.

Alle anderen waren ärgerlich und erschrocken. Ich allein war gleich entzückt. Das Lebendige! In meinen Augen war dies sofort der schönste Hund. Die Mutter fing an zu lachen, »Aber Mohrchen!« sagte sie und versuchte, ihn zu greifen. Mohrchen machte sich bocksteif und zog sich in den Weihnachtsbaum zurück. Die Nadeln piekten ihn, und er kam beleidigt wieder ein bißchen vor. Ich stürzte auf ihn zu, packte ihn, wickelte ihn in die Schürze und schleppte ihn ab. Er zappelte verzweifelt und gnappte; aber ich war zu eifrig, ich stopfte ihn sofort in die birkne Puppenwiege, deren Bettchen alle frisch bezogen waren. Mohrchen lag vor Angst und Schrecken einen Augenblick ganz still; ich konnte sein kleines Hundegesicht sehen, es hatte etwas Menschliches und Weises mit großen, klugen, gelbbraunen Augen und einem weißen Bart um die schwarze Nase. Ich dachte, es würde ihm gut tun, auf all die Aufregung ein bißchen zu schlafen, und begann ihn zu wiegen – da faßte ihn das Entsetzen, er sprang heraus, daß die Puppenbetten nach allen Seiten flogen, sah sich verstört nach einem Zufluchtsort um und sprang dann in den Schirmständer an der Flurtür.

Wir standen nun alle davor und sahen etwas ratlos auf das kleine Pinschergesicht zwischen den Schirmen. Mohrchen war vor Erregung ganz unsinnig, knurrte und biß in die leere Luft und zeigte seine puppenkleinen Zähne.

All die Zeit stand die andre Flurtür zum Saal weit offen, und der sanfte goldne Schein der still brennenden Lichter leuchtete bis zu uns.

Endlich traute sich Minna an den Hund heran, sie hatte die Schuhe ausgezogen, kam auf Strümpfen geschlichen und streichelte ihn ganz sacht unter leisem Zureden mit einer altersweichen Bürste.

Erst sprang er herum, fast wie ein zorniges Kätzchen, und wollte die Bürste beißen; aber er besann sich, knurrte ganz leise und beinah behaglich, und seine steifen Glieder wurden weich und beweglich. Er sah Minna mit den klugen Bernsteinaugen an, zitterte nur ganz leise, als sie ihn nun mit der rauhen Hand streichelte; dann kroch er vorsichtig aus dem Schirmständer, schnupperte und sah uns alle prüfend an.

Da fühlte ich, daß man Mohrchen auch ein bißchen entgegenkommen mußte. Ich faßte einen großen Entschluß. Ganz schnell glitt ich in die Küche, wo Minna den Teller mit meinen Würstchen auf den Wärmeofen gestellt hatte. Ich schob ihren Stuhl heran und nahm den Teller. Die Würstchen waren blank und rosa und rochen verführerisch. Ich biß noch ganz rasch einen großen Happen von der einen ab, und als der fette heiße Saft mir Gesicht und Schürze bespritzte, wurde ich bekümmert, es war für mich ein großes Opfer. Aber ich ging zurück und hielt sie Mohrchen hin. Er schnupperte dran und wich zurück, aber dann kam er wieder und fraß alle beide gierig auf, nur die Pelle spuckte er aus. Nach dem letzten Bissen stürzte er in die Küche an die Leitung und sah Minna an. Wir waren alle voll Bewunderung über seine Klugheit. Minna füllte ihm ein irdenes Schüsselchen, und er sprang vor Freude an ihr hoch und lief vergnügt neben ihr her, als sie es nach vorn trug und unter den Weihnachtsbaum setzte, an dem eben das erste der heruntergebrannten Lichte erlosch. Mohrchen steckte seine rosa dünne Zunge in das Wasser und schlappte gierig, dann drehte er sich um und sprang an jedem von uns hoch und bellte ein bißchen. Zwischenein starrte er noch einmal den Baum an, als wunderte er sich, wie er dunkel wurde. Dann lief er durch den ganzen Saal, und zuletzt fand er Mutters gesticktes weiches Fußkissen. Da sprang er hinauf, legte die schwarze kleine Nase auf die Pfoten und schlief sofort ein. Er schnupperte noch ein bißchen im Traum, und als ich neben ihm kniete und ihn bewundernd in Ruhe ansah, fühlte ich an meiner Hand auf dem Kissen, wie sein kleines Herz noch jagte.

Ich war so glücklich über ihn, daß ich den ganzen Abend nach meinen andern Geschenken, sogar nach dem bunten Teller, kaum hinsah. Erst beim Schlafengehen schlug mir das Gewissen, und ich nahm Anna ins Bett. Sie gefiel mir gar nicht mehr mit ihren starren, offenen Augen, aber sie tat mir gerade darum leid. Im Einschlafen hörte ich Mohrchen pustend atmen. Minna hatte ihn mit dem Kissen in die Ofenecke getragen. Da dachte ich noch einmal dankbar an den Weihnachtsmann. –

Fünfzehn Jahre ist Mohrchen bei uns gewesen. Jedesmal am Advent, wenn der Baum ins Haus kam, sprang und blaffte er vor Vergnügen; denn mit dem großen Baum kam ein ganz kleines Bäumchen nur für ihn, daran hingen am Heiligen Abend, wenn der große Baum im Schein seiner weißen Lichte strahlte, ein Paar Würstchen. Vielleicht freute er sich darauf schon, wenn der Tannenbaum kam. Vielleicht aber dachte er – denn er war viel, viel klüger als andre Hunde – an den Weihnachtsabend, als der Weihnachtsmann ihn mir brachte – mein kleines, scheues, lebendiges Geschenk.

DER WEIHNACHTSMANN

Es gibt Menschen, die für Überraschungen schwärmen, und solche, die dagegen sind. Zu diesen gehöre ich. Aber ich weiß, daß die Wochen vom Ersten Advent bis Heilig-Drei-Könige die große Zeit der anderen sind. Wohin das führt, wenn der mehr oder minder beförderte Volksbrauch solchen Neigungen Vorschub leistet, zeigt am besten die »Schule für Weihnachtsmänner«, von der ich in diesen Adventstagen mit Staunen las. Ich vermute, daß die braven Kinder vor den lockend bestrahlten Auslagen des Warenhauses, bei dem er angestellt ist, nun ihrerseits den Weihnachtsmann erst um die Vorzeigung seines Diploms ersuchen werden, ehe er Fragen stellen darf. Vielleicht bringt er es später zum fest angestellten städtischen Beamten mit eigenem Revier und drosselt die Konkurrenz eines nach Bedarf stundenweise vermieteten Weihnachtsmannes.

Ich bin bisher nur dem zur Familie gehörenden Weihnachtsmann begegnet, habe mich aber immer standhaft geweigert, selbst den weißen Wattebart umzutun. Auch habe ich gefunden, daß diese Rolle an Reiz verloren hat, seit die jugendlichen Kräfte, die zugleich Hauptdarsteller und Publikum sind, bei der Erscheinung des Nikolaus nicht mehr zittern und zagen, oder, wie es früher üblich war, in lautes Gebrüll ausbrechen. Zugegeben, diese Gefaßten waren meistens Stadtkinder und die Begegnung mit riesengroßen Ruprechten hatte sie abgehärtet. Aber bei Kindern, die auf dem Lande aufwachsen oder beser noch in einem möglichst weit von Bus und Bahn liegenden Vorort, kann solch neuzeitliche Ernüchterung nicht vorausgesetzt werden. So dachte auch eine liebe junge Mutti ganz weit draußen, so dachten die Oma und die Tanten und sogar der Pappi. Die beiden »Süßen«, das Pärchen Bärbel und Heini, waren nun schon im letzten Spieljahr, und es wurde höchste Zeit, daß sie noch vor der Schule den Einbruch des Geistig-Überirdischen in ihre von animalischer Diesseitigkeit erfüllte Welt erlebten. Vorläufig war ihr Leben voll von herrlichen Abenteuern mit dem Teckel Nipp und verschiedenen Besuchen zu dritt in der Nachbarschaft, die besonders ältliche Damen nicht immer erfreuten.

Also, als die Adventszeit kam und Mutti mit viel Ausdauer ihren beiden beigebracht hatte, »Stille Nacht« (den ersten Vers) nicht zu falsch zu singen, und als Oma erzählte, daß bei Meyers nebenan der Nikolaus schon am 6. Dezember vorgesprochen hatte und die angstbebenden kleinen Meyers mit seinem Pfefferkuchenporträt beschwichtigte –, da fand Mutti, nun würde es höchste Zeit für den Weihnachtsmann! Pappi schaltete aus wegen des Weihnachtsgeschäfts, aber auch Opa weigerte sich aus dem gleichen Grund. Doch ließ er sich endlich bestimmen, seinen Pelz für einen Nachmittag zu leihen unter der Bedingung, daß Tante Grete, und nur diese als die größte, den Weihnachtsmann übernehmen sollte, wofür sie besonders geeignet schien, da sie im Kirchenchor Alt singt. Opa, in dem Kindheitserinnerungen erwachten (– und der für umtauschbare Überraschungen ist –), wurde bei den Verhandlungen immer begeisterter und wünschte dann doch der Feier beizuwohnen. Oma behauptete, nur aus Angst um seinen Pelz, was unbillig ist, denn er hatte den Hauptinhalt des Sacks gestiftet, und zwar nur feste Zuckerkuchen und eingewickelte Bonbons.

Den Besuch des Weihnachtsmannes kündeten mehrere rosa Briefchen mit goldenem Sternensiegel für den Freitag vor dem Goldenen Sonntag an (die nächsten Tage schalteten wegen des Weihnachtsverkaufs aus). Die Süßen trugen es mit bewunderungswürdiger Fassung, aßen ihren Milchpudding mit ungemindertem Appetit und schliefen über Mittag wie zwei junge Hündchen, den augenlosen Teddybär zwischen sich und Nipp zu Füßen, auf Pappis Couch, bis der Schein der Adventskerzen sie weckte, die Mutti in einem ganz neu gebundenen Kranz ansteckte. »Is heut Sonntag? Nein, is nich!« meinte Bärbelchen verschlafen. Heini fragte interessierter: »Is das Licht wieder mal kaputt?« Auch er wollte weiter schlafen, was nicht erlaubt werden konnte, da Opa schon aufgeregt im Flur hin und her ging.

Oma war nicht zu sehen, und Mutti lief immerzu in die Küche und kam endlich mit Kaffee und Kuchen zurück. Als sie dann alle ganz gemütlich um den Tisch saßen – nun brannte doch die Stehlampe – und nur noch Nipp und der blinde Teddy die Kuchenkrümel erhielten, da klopfte es erst an den Fensterladen und dann klingelte es so lange, daß Mutti sich weigerte aufzumachen. Opa mußte selbst gehen. Es stampfte draußen, es räusperte sich, es stieß die Türe auf und herein stapfte der Weihnachtsmann, gerade als Oma das Licht ausknipste. Es war ein Weihnachtsmann wie er sein soll, mit Bart und Sack, mit Kapuze und Rute und Gummistiefeln – überlebensgroß. Das Licht der roten Adventskerzen schien auf seinen weißen Bart, und den Kindern kam es vor, als ob er »Stille Nacht« mitbrummte. Dann trat er auf sie zu und fragte: »Na, Kinder?« Oma, vor Rührung bebend, wischte ihnen noch schnell die Kuchenkrümel von den Sonntagskitteln, und Opa schneuzte sich vernehmlich. Mutti soufflierte mit zitternder Stimme: »Ja, lieber Weihnachtsmann«, und die beiden antworteten mit gefalteten Händchen und sahen so artig aus, daß der Weihnachtsmann gerührt wurde und sie beinahe gestreichelt hätte, ehe er sich besann und fragte: »Heini, ist es wahr, daß du bei der lieben alten Tante in Nummer 7

(»diese Hexe!«, knurrte Opa) in den Briefkasten gespuckt hast?« Heini war etwas betreten, aber Bärbelchen stellte sich vor ihn, faßte zierlich das karierte Röckchen mit beiden Händen, machte einen Knicks und sagte: »Nein, leider nich. Ich spuckte!«

Hier versagte dem Weihnachtsmann die Stimme. Er fragte nichts mehr, sondern begnügte sich damit, den Sack auszuschütten. Nicht ganz, weil Mutti ihn noch rechtzeitig daran erinnerte, daß er doch zu so viel anderen lieben Kinderchen gehen müßte. Opa lud den lieben Weihnachtsmann darum ein, gleich im Auto mitzukommen, da er eiligst ins Geschäft müßte, – was der Weihnachtsmann nach einigem Überreden dankend annahm, »trotzdem er immer noch Angst vor dem modernen Autofahren hätte«.

So hörte man dann die beiden alten Herren davonrollen, als die Süßen schon eifrig beim Auswickeln der Bolschen waren und Nipp die Pfeffernüsse zerkrachte, während Mutti die Kerzen ausblies, um dem Wettstreit der Geschwister vorzubeugen. »Sie regen sich sonst noch mehr auf.« Aber Oma sagte: »Laß sie bloß essen! Zucker ist gut für die Nerven. Es war doch ein bißchen viel für sie.«

Um die beiden zu schonen, wurde der Besuch des Weihnachtsmannes nicht mehr erwähnt, nur der Tante Grete wurde beim Plätzchenbacken ganz beiläufig davon erzählt. »Da habt ihr euch wohl sehr geängstigt?« fragte Tante Grete. Die Kinder konnten nicht antworten, denn Heini leckte gerade den Schneeschläger ab und Bärbelchen würgte an einem zu großen Teelöffel ausgekratzen Anisteig.

Weihnachten verging wie immer. Opa und Pappi, endlich mal ohne Dienst am Kunden, verbrachten restlos glückliche Stunden über einer Eisenbahn, »für die Heini noch zu klein war«. Außerdem hatte er dicke Mandeln und besah mit umwickeltem Hals unlustig sein neues Bilderbuch. Bärbelchen, blaß vor Magenweh, wiegte zärtlich den augenlosen Teddy und blickte ohne jede Liebe auf die neue teure Puppe mit Schlafaugen, die nicht auszuziehen war, weil sie einen bedauerlichen Mangel an Unterwäsche zeigte.

Aber Magenschmerzen und dicke Mandeln vergehen und sogar das Entzücken der Großen am Weihnachtsbaum. Es kam jene Zwischenzeit, in der alte Leute sich erzählen, was sie in den Zwölfen träumen, und jüngere an Silvesterbälle denken (Opa und Pappi an Inventur und alle Muttis an Ausverkauf). Da erklärte Oma: »Wir müssen nun aber ins Weihnachtsmärchen! Meyers waren gestern und sind noch ganz weg!«

Item, man ging, das heißt Oma, Mutti und die Süßen – in den alten Sonntagskleidern, die neuen waren doch noch zu groß, aber mit den bunten Handschuhen, die sie auch nicht in der Garderobe ablegten. So saßen sie denn mit ihren knallgrünen, gelbgemusterten Fäustlingen im Parkett wie Froschkönigs Zwillinge. Mit großen Augen verfolgten sie den Weg der Prüfungen des für sein Alter reichlich ausgewachsenen Geschwisterpaares auf der Bühne, ohne wie weniger begabte Kinder den Verlauf der spannenden Handlung durch Zwischenrufe zu stören, wenn eins der Abenteuer anders verlief als im Märchenbuch. Nur beim Knusperhäuschen meinte Bärbelchen enttäuscht: »Die essen ja gar nich richtig«, und bei dem Dornröschenschloß (ohne Dornen) mußten sich Heini und ein braunlockiger Fünfjähriger sehr wundern, daß Königs keine Garage hatten.

Mutti aber und Oma waren still glücklich. Oma fand es eigentlich viel schöner als die Meistersinger und Mutti war auf einmal wieder sieben Jahre und verging vor Kummer, weil sie nicht so schwarze Zöpfe hatte wie Schneewittchen. So merkte sie gar nicht, daß man auf der Bühne bei der Schlußapotheose angelangt war und das verborgene Orchester einen schmetternden Marsch spielte. Oma wühlte schon in ihrer Handtasche nach den Garderobemarken, und oben zog sich das Ballett der Schneeflöckchen graziös an den linken Flügel der Märchengestalten zurück, die sich dort feierlich um den Königsthron reihten, vor dem das in all dieser Pracht noch immer bescheiden gekleidete und gebliebene Geschwisterpaar bei sanft verebbender Begleitung seiner letzten Bewährungsprobe entgegensah. Über dem König schwebte vorschriftsmäßig ein riesiger Weihnachtsbaum nieder, Prinzen und Prinzessinnen, Hexen und Rübezahl, Zwerge und Schneeflöckchen wichen ehrfurchtsvoll staunend zur Seite, als ein überlebensgroßer Weihnachtsmann erschien. Ein richtiger Weihnachtsmann mit Sack und Rute, mit Kapuze, Pelz und Stiefeln, der die letzten Fragen an das Geschwisterpaar stellte, deren rührende Antworten deutlich zu hören waren, da die besänftigende Musik nun mit stillen Harfentönen zu »Stille Nacht« überging.

Da, während Oma in fieberhafter Erregung schon aufstand, erstes Klatschen verstummte, weil entrüstete Muttis Ruhe riefen und andere tapfer und nicht ganz taktfest in den Jubel des Theaterchors einstimmten und das Geschwisterpaar oben an der Hand des Weihnachtsmanns bis dicht an die schneeglitzernde Rampe kam, fühlte Mutti, die leise schniefte und bekümmert auf einen Tränenfleck auf der neuen Bluse sah – wie zwei Wolltätzchen von rechts und links nach ihren Händen suchten. Zwei glänzende Augenpaare sahen zu ihr auf, zwei rote Mündchen lächelten schlau und zwei andere Froschpfötchen deuteten auf den Weihnachtsmann. Und so laut, als es bei so viel Gesang nur ging, riefen zwei entzückte Stimmchen: »Tante Grete!«

Das war eine Überraschung, und eine, die auch mir gefällt. Wenn auch Opa sagt, es kam bloß, weil Nipp nicht gebellt hatte. Oma meint, der Pelz riecht nach seinen Zigarren, Tante Grete aber behauptet, es wären Pappis Jagdstiefel gewesen, und sie ist noch heute beleidigt. Mutti weinte – aber nicht um Schneewittchens Ebenholzhaar. Statt daß sie alle sich freuten! Was ich und die Geschwisterchen nicht verstehen können.

DER DOM

Als euch der Feuersturm verschlungen hat,
Da starbst Du, Dom, mit Deiner alten Stadt,
Du hast ihr noch mit glühenden Glockenzungen
Aus stürzendem Haupt den Sterbepsalm gesungen,
Insel des Grauens, wurde leer von Leben,
Was Deinen Kindern Heim und Brot gegeben.
Gruft über Grüften standest Du, schwarz und kahl,
Als ich Dich weinend sah zum letztenmal.

Du liegst wie Jugend, unerreichbar weit.
Doch auf dem Goldgrund jeder Weihnachtszeit
Blickst Du im Schmuck der grünen Lichterbäume,
Ein Gnadenbild, in meine Flüchtlingsträume.

Und wieder seh ich alles, wie es war:
Vor dunklem Chor goldfunkelnd den Altar,
An strengem Pfeiler reicher Kanzel Prunk,
Der bunten Bogen hochgewölbten Schwung,
Den Orgelchor, wo ich als Kind gesungen
Glühend vor Glück »Es ist ein' Ros entsprungen –«

Und keine Nacht verlöscht in meinem Herzen
Den Friedensschimmer Deiner Altarkerzen!

WEIHNACHTEN IN DER FREMDE

Sie hieß Lise. Und sie war meine Liebste – Beste und der Mentor meiner Schulzeit und Jugend, seit jener großen Pause, als sie mich hungrig und verdrossen am Zaun des Schulhofs fand – denn ich hatte in der Hast, die einzige Pferdebahn zeitig zu erreichen, mein Frühstück vergessen, – und sie ihr Frühstücksbrot mit mir teilte.

Sie war fast ein Jahr älter als ich, ein großes, schlankes Mädchen in einer leuchtend blauen Jacke, mit einem langen dunkelbraunen Zopf und den goldbraunen Augen eines Falken, die mich unter den langen Wimpern durchdringend anblickten. Ich nickte und dankte leise und aß wie ein verhungerter kleiner Hund, bereit, ihr von diesem Augenblick an überall hin zu folgen, – wenn es sein mußte, sogar ins Lehrerinnenseminar! Vorläufig aber lieber durch den großen Ploetz und in den Pfingstferien in ihre Heimat am Frischen Haff. Dort, wo in dem rauschenden Schilfgürtel des silbrigen Wassers die schweren schwarzen Boote liegen, wo die weiten Haffwiesen, buntblühend gleich Almen, wie ein Teppich vor dem sanft ansteigenden Ufer sich breiten, dort war Lise zu Hause. Sie liebte diese Heimat »im schönsten Wiesengrunde« – aber als die Lehrerin uns fragte, wo wir einmal wohnen wollten, da sagte Lise: »Ich baue mir ein Haus in den Bergen!« Wir lachten alle darüber. –

Aber Gott hatte sie gehört. Nun schläft sie nach der langen Wanderung, auf der ich ihr durch Jahre folgte – nach Paris und nach England und an den Rhein –, dort, wo sie wirklich ihr Haus fand, mit dem Blick, den sie am meisten liebte, solange ihre Vogelaugen ihn noch fassen konnten, – dem auf die silbern aus lichter Bläue tauchende Alpspitze.

Mit ihr und unsern Lehr- und Wanderjahren ist die Erinnerung an den Weihnachtsabend verbunden, von der ich hier erzählen will. –

Es war zu jenen aschgrauen Zeiten, als Kain noch nicht den Abel erschlagen hatte.

Ich war jung und glücklich, denn ich war Lise in die Fremde gefolgt, vom Pregel bis zum Avon und war »Fräulein« wie damals tausend andre Deutsche auch. Im Internat der berühmten Highschool, an der meine Lise Lehrerin war. Zu der ich täglich zweimal hinter dem »Croc« – einer Schlange von vierzehn Backfischpaaren mit Matrosenhütchen und in blauen Faltenröckchen – durch die Gartenstraßen der stillen Villenstadt trabte. Es war ein herrlich sorgloses Leben mit den immer fröhlichen, immer höflichen jungen Mädchen, von denen die meisten mich um Kopfeslänge überragten. –

Das einzige, was mir Sorge machte, trotz Lisens Hilfe an unserm freien Nachmittag, – war die deutsche Grammatik, deren Klippen ich erst hier entdeckte, als ich sie im Gespräch und bei der Hauslektüre des »Wilhelm Tell« diesen hübschen und gar nicht dafür begeisterten jungen Mädchen erläutern sollte. Aber auch dieser Aufgabe gewann ich bald gute Seiten ab, wobei die Backfische zwar nicht Deutsch, ich selbst aber West-Englisch lernte.

Doch als ich so über ein Jahr dort gewesen, verlor ich meine gute Laune. Es freuten mich nicht mehr die Spaziergänge zu der berühmten Hängebrücke, die Romantik der alten, altmodisch gewordenen Villen, nicht der Moschusduft der Winterchrysanthemen in den heckengeborgenen Gärten. Ich stöhnte, wenn ich am Sonntag meine Lämmlein am Abend zum dritten Mal zur Kirche hüten mußte, und faßte wie sie eine Abneigung gegen den Schweizer Helden. Selbst der Kakao, den Lise mir an unserm freien

Mittwoch in ihrem Mansardenzimmer kochte, schmeckte mir nicht. Sie sah mir in den Hals, und als sie beruhigt entdeckte, daß ich jedenfalls nicht Diphtherie hatte, beschlossen wir, zu »Bonnet's« zu gehen. Das war auf halbem Weg zu der im Flußtal gelegenen großen Hafenstadt, die berühmte Teestube des französischen Schweizers. Auch hatte Mademoiselle Marguerite, seine erste Verkäuferin, uns sagen lassen, daß es wieder frischen Nougat gäbe. Das belebte mich ein wenig und wir gingen zu Bonnet's, wo an allen Tischchen schon Bekannte beim Tee saßen und Mademoiselle uns Nougat brachte und einen großen Teller verlockendster Törtchen. Ich aß davon, aber sie wurden in meinem Mund zu Staub und Asche. Lise hatte sich geirrt, ich war sicher schwer krank und würde sterben – hier in der Fremde! Ich saß vor dem erkaltenden Tee, ich hörte mit halbem Ohr zu, wie Lise sich mit Mademoiselle unterhielt, die blaß und mühsam lächelnd neben uns stand. »Fehlt Ihnen etwas?« fragte Lise.

Das große Mädchen preßte die Hand aufs Herz, – »'j'ai le mal d'pays« –, sagte sie leise. Sie nahm ihr Tablett und im Weitergehen murmelte sie: »– und ich muß noch ein Jahr bleiben« – –

Nein, ich brauchte nicht zu sterben! Ich erholte mich wie der Patient, dem der Arzt endlich sein Leiden genannt hat. Ich griff nach einem rosabezuckerten Törtchen und sagte: »Lise, – heut ist Mittwoch! – Zu Haus gibt's saure Grütze mit Gekröse!«

»Ja«, – sagte Lise und griff nach dem letzten Törtchen. »Sowas Reelles, – danach ist mir jetzt so recht. – Weißt du, mal wieder Rollmöpse –.«

»Im deutschen Laden in London gibt's welche«, meinte ich eifrig. Und die deutschen Nationalgerichte, schön in Gläsern, Blechdosen, Tüten, erschienen mir wie eine Vision. Lise zog den Taschenkalender: »In drei Wochen sind wir im Lehrerinnenheim«, tröstete sie. (»Hier ist mein Taschentuch – heule nicht!«) »Paß auf, wie schön es wieder sein wird mit dem großen Weihnachtsbaum. – Wie im vorigen Jahr!«

Aber ich wollte keinen Trost, – ich wollte ein bißchen weinen und an Schnee und Marzipanbacken denken, und an zu Hause.

Aber dieser Ausbruch hatte mir wohl getan und ich kam ganz gut durch diese drei Wochen, lernte bei den Backfischen einen vorzüglichen Ingwertoffee am Kaminfeuer kochen, auf dessen Bort große Sträuße von rotbeerigem Holly und dunklen Epheuranken standen, und lernte die schönen heiteren Weihnachtslieder Alt-Englands, – und erzählte den freundlich Verwunderten von unserem Weihnachten. – Dann kam das Getriebe des Ferienaufbruchs, ein kurzer Besuch bei zwei lieben alten Damen, die in einem uralten Haus in Oxford in winzigen Zimmern unter uralten Möbeln mit ihren Katzen und soliden Spukgeistern ein beschauliches Alter verbrachten und mich genauso verwöhnten und mit guten Dingen fütterten wie liebe alte Tanten in aller Welt. –

Dann kam am 24. Dezember die Fahrt nach London im überfüllten Zug, und endlich in dem quirlenden Menschengewühl von Paddington-Station Lises vertrautes lachendes, rotbäckiges Gesicht! »Wir wohnen diesmal nicht im Heim! Alles war voll. Wir wohnen in Lodgings! Malwine kommt mit uns. Um fünf Uhr ist im Heim Bescherung, – bis dahin kannst du Besorgungen machen. Aber mit Malwine, – sonst verläufst du dich. Aber erst komm mal mit mir!«

Ich saß kleinlaut neben ihr im Hansom, – (das gab es damals noch) und wir stiegen etwas vor unserem »Möblierten« aus, denn Lise kaufte zu meinem Befremden Sunlicht Seife, Bürsten und Waschlappen in einem Lädchen. Die dunkelgrüne Tür mit dem blinden Messingklopfer gefiel mir gar nicht und noch weniger die ehrwürdige Greisin mit den gelben Wolfsaugen, die uns begrüßte. Hinter ihr sah eine magere kleine Mulattin vor, ihre Haussklavin, die die Alte, um dem Mitleid der Gäste vorzubeugen, als ihre Großtochter vorstellte.

Lise kramte ihre Einkäufe aus. »Willst du hier reinmachen?« fragte ich und sah mich in dem großen, öden, verstaubtgrauen Schlafzimmer um. Dasselbe fragte Malwine, unsre Schulfreundin, die irgendwo in Sussex zwei junge Ladies im Klavierspiel drillte und nun sehr erschöpft und unausgeschlafen, aber stillfreundlich wie immer, schon auf dem einen wackligen Stuhl auf uns gewartet hatte.

In ihrem Schlepptau, versehn mit Lisens Ermahnungen betreffend Straßenübergänge, Pferdebusse, Mädchenhändler und Handtaschenräuber und der Anweisung, um vier Uhr dreißig spätestens zurück zu sein, durfte ich dann Londoner Großstadtleben und Schaufenster genießen.

Malwine, groß und blond – sie stammte aus der Weichselniederung –, leitete mich durch alle Fährnisse, bewahrte mich davor, in den teuersten Seidenladen zu gehen, um ein malvenzartes Moireeband für Lise zu erstehen, riß mich mühsam von dem Schaufenster fort, wo unter Golliwogs und kleinen Scheusälchen unbekannter Anatomie eine Puppe mich durch ihren blauen Unschuldsglasblick bezauberte, die auf ihrem rosigen Bauch »Made in Germany« zeigte. –

Aber den deutschen Laden ließ ich mir von Malwine nicht ausreden. Dank der Großzügigkeit der alten Damen in Oxford fühlte ich mich als Kapitalist und lud Malwine dort zum Kaffee ein. Wir tranken eilig zwei Tassen auf dem rotgewürfelten Tischtuch vor den weißen Gardinen und den vergoldeten Kaiserbüsten, ich gab dem trotz schwarzen Scheitels sehr heimatlich blickenden Kellner das fürstliche Trinkgeld von Sixpence, und dann stiegen wir treppauf ins Schlaraffenland. Wir schnupperten genüßlich den Rauchgeruch von Schinken und Würstchen, den Honigduft der Pfefferkuchen, sahen wunschlos Puten und Gänse hinter Glas hängen, bewunderten Paraden von buntbebilderten Blechdosen, sahen deutsche Äpfelpyramiden und eine Reihe Gurkengläser, – und endlich erstand ich ein großes Glas mit Rollmöpsen für Lise.

Dann mußten wir sehr eilig zu ihr zurück, was nicht so einfach war in dem Gewühl, aber endlich standen wir atemlos vor der Haustür und klopften. Die kleine Mulattin öffnete und lief uns voran zu Lisens Tür. Sie wisperte und Lise antwortete und dann klingelte das aufgeregte, strahlende Mohrchen mit einer kleinen Tischklingel und die Tür ging auf.

Es war gar nicht mehr das öde graue Zimmer, es war eine Märchenstube mit einem schneeweißen Laken über dem breiten Bett, mit weißem Glanzpapier auf dem abgeräumten, gescheuerten Waschtisch, mit einem richtigen, kleinen, krausen Weihnachtsbaum in der sandgefüllten Waschschüssel, der mit zwölf Wachskerzen strahlte. Um ihn lagen die schönsten Päckchen, alle in weißem Seidenpapier, mit grünen Seidenbändchen umwickelt. Und ganz vorne lag in einem Holzkistchen Mutters Marzipan, – der unvergleichliche »Satz« aus Herzen, Halbmonden und Rundchen, wie sie allein ihn zu backen verstand, mit Hagebutten, süßen Schabbelbohnen und gezuckerter Walnuß garniert, duftend nach Mandeln und Rosenwasser und Kinderzeit.

Das Bäumchen strahlte, ein kleiner Zweig glühte und duftete qualmend nach Wald. Das ganze Zimmer schwamm in goldenem Glanz.

»Oh Miss, – it's grand!« seufzte die kleine Mulattin und zog leise die Türe zu.

Dann stürzte ich an den Waschtisch, sah, daß da drei richtige kleine bunte Teller standen, rief »Oh! welcher ist meiner!?«, ergriff mein Glas mit den Rollmöpsen, das ich in der Überraschung auf den Stuhl gestellt hatte, und drückte es Lise in die Hand.

Sie wickelte es aus und lachte so sehr, daß ihre Falkenaugen ganz schmal wurden, und drückte mir etwas Schweres, Rundes in die Hand, das trug am goldnen Schnürchen einen Zettel: »für Agnes!«, und siehe da: es war ein Glas mit deutschen Rollmöpsen!

Da sangen wir noch ganz rasch, – denn es war die allerhöchste Zeit, daß wir zur Bescherung ins Heim gingen, – »Vom Himmel hoch«. Aber leise, der Lodgings wegen, und bliesen einträchtig die Lichtchen aus.

»Wo hattest du bloß den Baum her?« fragte Malwine. »Wie brachtest du ihn her?« fragte ich.

Lise lachte: »Das ist mein Geheimnis. Ich bekam ihn geschenkt, von dem alten Organisten. Und ich steckte ihn in einem alten Sack unter die Bank im Coupé. Es spickte sehr. Aber als ich den Leuten sagte, was es wäre und wozu wir ihn brauchten, da wurden sie so freundlich und wir haben uns alle von Weihnachten erzählt. Die eine alte Dame gab mir ihr Plumpuddingrezept. Das ist schon hundert Jahre in ihrer Familie!« – – –

Ja, das ist lange her. Wir waren jung und sorglos und hatten es gut. Und Kain hatte noch nicht den Abel erschlagen.

»VOM HIMMEL HOCH«

»VOM HIMMEL HOCH!« Horch, wie es klingt,
Botschaft, die Kind und Engel singt
Beim Glanz der Lichterbäume.
Erinnerung wandert, Schritt für Schritt,
Leissingend zu dem Stalle mit
Durchs Land der Kinderträume.

»ICH BRING EUCH GUTE NEUE MÄR, –«
Geschwister, sagt, wo kommt ihr her,
Durch Nacht und erste Flocken?
– Wir gingen lang. Der Weg war weit,
Wir seufzten über schwere Zeit,
Da riefen uns die Glocken.

»DER GUTEN MÄR BRING ICH SO VIEL, –«
Wie ein zerbrochnes Kinderspiel
Halten wir unser Leben.
O Christkind dort im Strahlenglanz,
O Wunderhand, mach heil und ganz,
Was Du uns heil gegeben!

»DAVON ICH SING'N UND SAGEN WILL, –«
O Herz, wie wirst du rein und still,
Wo blieben Haß und Sorgen?
Wir hängen an des Kribbleins Rand
Wie Kinder an der Mutter Hand,
Unschuldig und geborgen.

»O HERR, DU SCHÖPFER ALLER DING, –«
Wir knieen mit im Strahlenring
Aller, die Dich preisen,
Hier gilt nicht Ruhm, hier gilt nicht Zeit,
Hier einigst Du, Holdseligkeit,
Die Törichten und Weisen.

»SEI UNS WILLKOMMEN, EDLER GAST, –«
Der heute Du geladen hast
Die Lebenden und Toten,
Engel und stumme Kreatur,
Gestirn und Hirt und Heu der Flur
Zu Deinem Dienst entboten!

»DAS HAT ALSO GEFALLEN DIR, –«
Daß wir zu dieser Stunde hier
Wunder der Wunder spüren:
Wie alles Freund und Bruder ist,
Und aller Weg ein Weg nur ist,
Zu D i r zu führen!

»O DU HERZLIEBSTES JESULEIN, –«
Schon will sich wie ein Altarschrein
Die Stalltür leise schließen.
Ein Spalt nur schimmert hell und hold, –
O sei barmherzig! Laß sein Gold
In unsern Alltag fließen!

O laß es leuchten licht und fern
Durch irdisches Dunkel wie ein Stern,
Wegweisend unsern Wegen.
Lang ist ein Jahr. Der Weg ist schwer.
»VOM HIMMEL HOCH, DA KOMMST DU HER, –«
Wir wandern Dir entgegen!

»VOM HIMMEL HOCH«, das Weihnachts-»Kinderlied« Luthers, war der Weihnachtschoral meiner Vaterstadt Königsberg. Von der Dämmerung bis um Mitternacht zog die Stadtmusik am Heiligen Abend durch alle verschneiten Straßen, diesen Choral blasend. Es galt als glückbringend, wenn sie vorbeizog, während der Baum brannte!

GOLDNER SONNTAG

Helene fuhr aus ihrem Halbschlaf auf, als der Schaffner »Endstation!« rief und die letzten Fahrgäste schwerfällig ihre vielen Pakete und Taschen zusammenlasen und sich vor ihr aus dem dunstigen Wagen schoben. Ein paar hatten Tannenkränze überm Arm, und eine alte Frau trug wie sie selbst ein winziges Tannenbäumchen. Sie ging auch nach demselben Friedhof wie Helene, die anderen verteilten sich zu den übrigen Kirchhofstoren, einige mit allen Weihnachtspäckchen, den Goldenen Sonntag zu letzten Festvorbereitungen hier und dort benutzend.

Helene wanderte langsam durch die kümmerliche neue Lindenallee hinter der gebückten Altchen her. Es hatte nachts gefroren nach dem Regen der letzten Tage, und es war wieder so nachlässig gestreut auf dem unebenen Weg. Wer kümmerte sich auch viel um den abgelegenen Kirchhof? Dafür war man so ziemlich sicher, auf diesem Kreuzgang keine Bekannten zu treffen. Das war schon an sich eine Erholung, wenn man den ganzen Tag im Büro den Menschenlärm, die Anfragen, das Telefon erdulden mußte.

Wie frisch die Luft hier war! Helene blieb stehen, sah das Altchen an einem halbversunkenen Hügel herumhantieren, blickte fort, sah ein paar andere stille Gäste halb verborgen hinter Kreuzen und Steinen, blickte den Weg herunter, an dessen Seiten Eis und ein bißchen Schnee glänzten wie in einer Ackerfurche, roch in der stillen, ganz leise windigen Mittagsluft den herben Duft der Thujahecken, sah zärtlich auf eine schlanke Edeltanne, die sie einmal in bitterster Stunde durch ihre Schönheit schwesterlich getröstet hatte, und schritt dann leichter als vorher weiter, bis sie dann doch wieder zögerte, ehe sie in den Seitenweg bog, der zu den Kindergräbern führte. Ja, da war Friedels kleines Kreuz über der Tannenzweigdecke, unter der die Erdmyrtenranken ein bißchen zerzaust vorsahen. Sie erinnerten sie immer an seine Locken – so waren die auch gewesen, und wenn sie noch so oft mit der Bürste über den schimmernden Flachskopf gefahren war.

Helene stellte das Tännchen auf die kleine weiße Bank und kramte aus ihrer Handtasche die vier Lichthalter, die weißen Kerzchen und einen goldenen Faden Lametta, an dem ein winziger Goldstern hing. Es dauerte eine Weile, bis sie alles zusammen hatte, die dummen Tränen ließen sie nichts finden, und ihre Hände zitterten und waren steif wie vor Frost. Liebe Zeit, das war nicht nötig – nach so vielen Jahren! Nach all dem, was über sie gekommen war seit jenem letzten Sonntag vor Weihnachten, an dem sie mit Friedel vor genau solchem Bäumchen gesessen hatte. »Wenn den der Pappi sieht – dann kommt er wieder, nicht, Mutti?« Dann war er von ihrem Schoß geglitten, hatte in die Händchen geklatscht und war um den Tisch gesprungen, daß die hellen Locken wippten und flogen: »Der schöne Stern! Der goldene Stern! Was wird Pappi dazu sagen!« Und auf einmal hatte er nach dem Köpfchen gefaßt, als ob er schwindlig würde, und in einer ganz fremden Art »Aua!« gesagt – schon mit der leisen brüchigen Stimme der Krankheit. Und wie durch eine Eingebung hatte sie gewußt, daß kein Weihnachtsbaum mehr kam, kein Wiedersehen mit Fritz mehr, kein Zurückkommen – daß dies das Ende war.

Auf eins der kleinen roten Zündhölzchen, auf das zweite, das dritte rannen ihre Tränen und löschten das flackernde Flämmchen, ehe es die weißen Dochte faßte. Zwei der Hölzchen zerbrachen gleich. Nun waren noch drei in dem Päckchen. Aber das erste verlor gleich den Kopf, das zweite reichte gerade für eine Kerze und das dritte für die beiden nächsten. Ehe sie das letzte Lichtchen anzündete, blies ein leichter Windstoß ihr die drei ersten wieder aus.

Helene schauerte zusammen. »O Friedelchen, bist du bös auf Mutti? Hat Mutti zu wenig an dich gedacht? Mutti muß erst mit den Großeltern was besprechen, dann kommt sie gleich wieder.« Sie flüsterte es im Knien kosend in die Tannendecke hinein. Lag er nicht da unten wie beim Nachmittagsschlaf? Fühlte sie nicht wieder die süße kleine blumenweiche Backe, das verschlafene Streichelhändchen auf ihrem Gesicht?

Sie stand mühsam auf, ein selbst noch ganz kindliches Lächeln in dem verweinten Gesicht, und wand sich zwischen Hecken und Gittern auf dem nächsten Weg zu dem alten Teil des Kirchhofs, wo zwischen den Erbbegräbnissen auch das ihrer Eltern und Großeltern lag.

Das Gitter hatte sich noch mehr gesenkt nach dem Herbstregen, die Tür stand halb auf, und die kleinen Eisenkugeln oben an dem schweren Eisen, dessen Anstrich grünlich abblätterte, schwankten, als sie es aufstieß.

»Ach Mama!« sagte Helene, lauter als sie es wollte, »deine Leni hat's so schwer!« Sie faltete die Hände und blickte starr nach dem großen Granitblock mit den Namen und Daten. »Soll ich oder soll ich nicht? Ich hab' schon immerzu Opas Patience gelegt, und ich hab's hin und her überdacht – aber ich weiß nicht. Diesmal weiß ich's wirklich nicht. Er ist ja so ein braver Mann, ich weiß das doch als seine Privatsekretärin, und er gab mir auch Zulage und sogar Urlaub, damit ich gleich zu Egons Begräbnis reisen und bei Cousine Grete sein konnte, aber, aber –«

Hier übermannte es sie, und sie lehnte sich an das Gitter und sah nun nicht die schönen geliebten Namen, sondern auf einmal Herrn Wehmeyer, in Firma Gebrüder Leinhase, Farbwaren en gros, so deutlich, als ob er auf der Filmleinwand in Großaufnahme zu ihr niederlächelte. Mit der Shagpfeife, die er seit einer Reise nach London der Zigarette vorzog, in der Hand mit den beiden dicken Witwerringen, mit seinem tadellosen grauen Anzug und seiner, gelinde gesagt, untersetzten Figur. Sie sah seinen Blick, der von einem kühlen Geschäftsblick und Chefwohlwollen zu menschlichster, nein, männlichster Begeisterung wechselte, sah alles auf einem von Torten, Bowlengläsern und Blumenkörben farbigsten Fünfzigsten-Geburtstag-Hintergrund. Dann wechselte dieser Hintergrund. Herrn Wehmeyers Ausdruck erreichte sozusagen seinen Superlativ in einem Eßzimmer, das man nur als behaglich bezeichnen konnte und das den Mittelpunkt einer sehr hübschen Backsteinvilla bildete und in dem die verwitwete Frau Leinhase, geborene Wysomiersky, noch rundlicher als ihr Bruder, Wärme und Behagen ausstrahlend wie eine kleine rötliche Heizsonne, selbstgebackene Teekuchen und belegte Brötchen anbot.

Nun aber wollte das Heizsonnchen für immer oder doch mindestens einige Jahre zu seinem Ältesten in die Pfarre am Harz übersiedeln. Und es war sehr begreiflich, daß Herr Wehmeyer sich vor der Einsamkeit und einem von bezahlter Kraft ohne Liebe zubereiteten Mittag so sehr grauste, daß er erst so im allgemeinen und dann immer deutlicher das geäußert hatte, was in den Tagesblättern jetzt als »Weihnachtswunsch« auftauchte und worauf er taktvoll – »denn ich weiß, wie eine ernsthafte Dame sich so etwas überlegen muß« – erst eine entscheidende Antwort bei seiner Rückkehr von dem Wintersportausflug ins Engadin erwartete.

»Es ist so furchtbar!« flüsterte Helene dem Grabstein zu. Sie meinte damit alles in eins, Büro und Siedlungszimmer, Kochecke und einsame Kinobesuche.

Sie flüsterte zur eigenen Beruhigung weiter: »Es ist ein

sehr braver Mann, er würde euch besser gefallen – –« Da wurde ihr Mund fest, und eine kleine böse Falte erschien zwischen ihren dunklen Brauen. Denn nun stand auf dem hellen Granit, durchsichtig, daß man die schwarze Schrift deutlich lesen konnte, aber gar nicht gespensterhaft, sondern so lebensvoll, wie ihre Erinnerung ihn lange nicht gezeigt hatte, jemand, den sie mit stillem Nicken anerkennend und leise seufzend betrachtete: ein sehr langer, fahlblonder und nicht allzu junger Mann in zu weiter Uniform.

Es erschien, mit weniger Anerkennung betrachtet, neben ihm ein kraushaariges, rotwangiges Mädchen, deren blanke Rotkehlchenaugen mit unverhohlenster Begeisterung unter dem kurzen dünnen Kriegsbrautschleier auf diesen Mann blickten. Sie hörte sich selbst, Leni, atemlos vor Entzücken zu Onkel Paul – der da drüben unter der schwarzen Platte schlief – sagen: »Sieht er nicht aus wie ein Gralsritter?« Und Onkel Paul, der gerade eine Hochzeitsbowle aus Apfelwein, Blaubeersaft und Sacharinwasser mischte, entgegnete: »Ja, aber ein unbeurlaubter!« Und in einem seiner Anfälle von Offenheit hatte er hinzugefügt: »Wenn du eine Runenschrift wärst, könntest du ihn vielleicht fesseln – –«

»O Onkel Paul!« Helene sah unwillkürlich nach der Granitplatte. Nein, jeder muß seine Erfahrungen für sich machen. Und eins wußte sie doch: daß nur und nur Fritz der Richtige gewesen war. Durch wen war jenes leichtherzige, lachende, unvernünftige, kraushaarige Mädel, das ihr auf einmal so gar nicht gefiel in seiner haltlosen Schwärmerei – durch wen war sie erst zum Menschen geworden? Zu einem halbwegs vernünftigen und brauchbaren Sozialwesen, das durch die Vorhölle der Scheidung und durch das Fegefeuer jener letzten Tage mit Friedel allein gehen konnte. Das auch nicht in den irdischen Prüfungen der Nachkriegszeit untersank, sondern einen braven, entsetzlich leeren Weg allein weitertrabte, fähig, noch andern ein bißchen Freude zu geben, Grete zu halten, als Egon nach Flucht und Leiden von ihr ging, und der Frau Leinhase beinahe etwas wie eine Freundin zu werden?

Wie sie das strenge, schöne, helle Gesicht da wieder vor sich sah, dem das winzige wächserne Gesichtchen unter den verklebten Flachslocken so seltsam ähnlich gesehen hatte, da wußte sie auf einmal, *wie* die Antwort an Herrn Wehmeyer zu Neujahr ausfallen würde. Obwohl bei dem Gedanken an Kündigung und Stellungsuche ihr ein Schauer über den Rücken lief – kälter als der feine Ostwind, der nun durch die zu alten zerfledderten Lebensbäume fuhr. Sie schüttelte sich, rückte den schwarzen Hut zurecht, mühte sich möglichst aufmerksam das Vaterunser zu sprechen und zog hinter sich das Gitter zu so gut es ging. Tief in Gedanken schritt sie, nun ganz ordentlich auf dem Seitenweg, wieder zu Friedels Grab.

Auf der Bank saß jemand. Sie stand dicht vor ihm, als sie ihn erkannte, unfähig, sich zu rühren.

Er erhob sich langsam. Eigentlich war er ganz unverändert, noch hagerer und jetzt grau statt fahlblond. »Guten Tag, Helene!« Keine Spur von Verlegenheit oder Erregung – genau so, wie er damals fortgegangen war. Und in ihr raste das Blut durch den erstarrten Körper, sie fühlte, wie sie erst kreideweiß und dann dunkelrot wurde. Bloß nicht, bloß nicht! Er liebte das nicht.

Sie sah undeutlich, daß er mit dem Taschentuch ein bißchen Schnee und ein welkes Eschenblatt von der Bank klopfte, damit sie sich setzen sollte. Sie war so verwundert und erschüttert von dieser Rücksicht – seit wann dachte Fritz an so etwas? –, daß sie sich nicht setzte, sondern erst das letzte Schwefelhölzchen vorzog, um die vier Kerzen anzustecken. Da sahen ihre nun überfließenden Augen neben dem Bäumchen ein ganz kleines rosenrotes Tülpchen zwischen den gelben Speerspitzen seiner Blätter wie ein Osterei aus dem Tannengrün blicken. So eine kleine Tulpe hatte er ihr an jenem letzten Weihnachten geschenkt, als er auf Urlaub kam . . .

Das Streichhölzchen sengte verglimmend ihren Finger, gerade als das erste Lichtchen aufglühte. Er sah ihr zu. »Setz dich«, sagte er ruhig. Dann zündete er langsam und geschickt die andern an. Sie flackerten im Wind, der nun stärker und mit feinem Schneestäuben einsetzte. Helene wollte ihren Schirm aufspannen, aber Fritz hatte ihn schon ergriffen und hielt ihn gegen den Wind vor das brennende Bäumchen, als er sich nun auf das andere Bankende setzte. Helene griff nach der Lederschluppe am Schirmstock, so drehten sie den Schirm gemeinsam, daß Wind und Flokken nicht die Flämmchen trafen, die einmal still und einmal unruhig tanzend vor ihnen über den kleinen Tannenzweigen standen und manchmal durch die rote Tulpe strahlten. Zwischen ihnen war ein kleiner Raum frei, gerade Platz genug für ein Kind.

Helene sah in die kleinen Flammen und wünschte, daß sie nie aufhören möchten zu brennen. Plötzlich überkam sie die Angst, als sie sah, wie die Lichtchen hinschmolzen, daß Fritz aufstehen und davongehen könnte, ehe sie richtig mit ihm gesprochen und ihn angesehen hatte. So begann sie dann, bemüht, das Wanken ihrer Stimme zu verbergen: »Ich dachte, du bist in Schweden.« Gleich ärgerte sie sich. Ausgefragtwerden liebte er nicht und erst recht nicht Ungenauigkeit. Gleich würde er sagen: »Jetzt bin ich hier –«

Aber er sagte bloß: »Ich muß auch wieder hin. Deshalb bin ich hier. Wir haben eine Tagung.«

Stille. Helene dachte, wie glücklich die Frauen der Urzeit gewesen waren, deren Ehemänner noch nicht Ausgrabungen unternehmen konnten. Ihre Augen streiften sein

Gesicht, blieben daran hängen, ein kleiner Stich ging durch ihr Herz, eine zerfließende Erinnerung an ein winziges wächsernes Abbild – aber das verging, und nichts blieb, als daß sie unter der Lederschluppe die Hände übereinanderlegte und stumm bat: »Lieber Gott, laß die Lichterchen recht lange brennen!«

Ein Windstoß wirbelte den Schirm hoch und blies eines aus. Helene hielt den Griff nun allein, während Fritz das Stümpfchen neu entzündete. Wie waren seine Schläfen eingesunken! So hager war er früher doch nicht gewesen.

Zwischen den Tannen lag die leere Hülse ihrer Streichhölzer. Er nahm sie auf und reichte sie ihr still hin. »Immer noch unordentlich!« las sie auf seinem Gesicht. Aber er fragte nur, als er sich nun ein wenig näher zu ihr setzte: »Rauchst du noch?«, worauf sie verlegen wie ein Schulkind zugab: »Manchmal. Abends beim Lesen. Aber du – rauchst du noch so viel?« – »Nein.« – »Hat es dir der Arzt verboten?« Ihre Frage klang eifrig, ein bißchen ängstlich. Sie erschrak, sie kannte den abweisenden Ausdruck, den Stimmklang, mit dem er nun antwortete: »Nein. Ich habe es mir in diesem Sommer abgewöhnt.«

Ja, das konnte er. Von einem Tag auf den anderen. Hatte er nicht auch sie sich so abgewöhnt und Friedel? Ob er an das Kind überhaupt noch dachte, auch hier? War's nicht nur sein Pflichtgefühl, das ihn herkommen ließ, nun er einmal wieder in dieser Stadt war?

Das erste Lichtchen war nun endgültig hin, das zweite wand sich als ein blauer Feuerwurm im Lichthalter. Die beiden letzten, ängstlich von Helene beschirmt, brannten noch tief mit übergroßen goldenen Flammenkernen. Es half nichts, auch diese Lichtchen erloschen, ganz still und beinahe gleichzeitig. Helene seufzte und zog den Schirm an sich. Sie sah erst jetzt, daß das kleine Grab und all die anderen Kindergräber und die Büsche und Hecken in der kurzen Zeit wie weißbezuckert waren. Sie blickte wie trostsuchend zu Fritz auf, als sie langsam den Schirm zumachte. Er stand vor ihr, den Hut in der Hand, daß der Wind über seine kantige Stirn blies, und blickte starr auf das kleine Kreuz. Dann wandte er sich zu ihr und sah sie an.

Zuerst war sie so erstaunt über diesen Blick, daß sie ihn voll erwiderte, weil sie sich gar nicht darüber klar war, daß er ihr galt. Dann begann sie zu erröten, ganz sacht und immer tiefer und tiefer in einer wachsenden Verwirrung, fern aller alten Verliebtheit, aber tiefbeglückt und mit dem heftigen Verlangen, sich über das kleine Grab zu werfen und »Friedel! Friedel!« zu rufen. Und zuletzt in einer seligen Erstarrung, als hätte sich vor ihr über den kahlen Linden und Eschen des Friedhofs der Himmel geöffnet und ein großer Weihnachtsbaum käme direkt auf sie zugeschwebt, an dem Fritz dicht vor ihr an einem goldenen Lamettafaden hing.

Endlich stand sie auf. Das Wolkentor schloß sich sogleich, als er mit seiner gewohnten trockenen Stimme sagte: »Ja, um drei muß ich bei meinem alten Professor sein. Vielleicht bekomme ich noch die Bahn.« Und dann ging er auch schon so ruhig und ohne sich umzusehen, wie das seine Art war, daß sie gerade noch aufstehen konnte und ein paar eilige Schritte machen mußte, um mindestens noch auf dem Hauptweg neben ihm zu gehen. Er sah geradeaus und sprach nichts mehr bis zum Ausgang. Da fragte er: »Bist du nicht bei Grete zum Fest?«

Sie ging nun ebenso ruhig neben ihm, aber wieder ganz durchflutet von dem Gefühl der Zusammengehörigkeit. Obwohl sie sich mühte, es als einen rechten Unsinn wegzuschieben, es blieb. »Ich habe keinen Weihnachtsurlaub. Ich hatte meinen schon zu Egons Begräbnis. Grete ist jetzt in der Heilstätte.«

Sie schritten nun durch die neue Allee. Noch die Schrebergärten, noch ein Haus, noch ein Bauplatz. Dann mußte er zu dem Vorortbahnhof und sie geradeaus zu ihrer Elektrischen.

Helenes Füße wurden wie Blei. Es war wie ein Gehen im Traum, wo die Sohlen ankleben und Tote neben einem gehen in ungewisser weißer Dämmerung. Der Bauplatz. »Wohnst du noch immer in derselben Wohnung? Steht sie noch?« »Ja, ich behielt ein Zimmer.«

Er war in Gedanken. Halbabgewandt reichte er ihr die Hand. »Auf Wiedersehn, Helene!«

Es war ein Irrtum gewesen, was sie in seinen Blick gelegt hatte. Ein bißchen Erinnerung, ein bißchen Wohlwollen. Längst nicht soviel wie bei Herrn Wehmeyer, der ihr auf einmal zuzunicken schien. Nein, mehr war es nicht gewesen. »Auf Wiedersehen, Fritz!« Ach wann? Ach wo? O Herz von Stein, wann?

Sie mühte sich, ihr Schluchzen zu unterdrücken, nicht nach ihm zu rufen, als sie stehenblieb und ihm nachsah. Der Schnee, der dichter fiel, trieb wie Eisnadeln in ihr Gesicht. Er schritt von ihr durch die fahle Dämmerung, kein Gralsritter mehr, ein müder, gebückter, alter Gelehrter. Er sah sich nicht um. Bewahre. Unbeherrschtheit gab es nicht bei ihm.

Nun war er nicht mehr zu sehn. Sie seufzte tief auf und lief fast nach ihrer Elektrischen. Der Wagenführer stand schon vorn, ein paar Frauen, ein alter Mann mit leeren Gemüsekörben stiegen eilig ein, zuletzt dicht vor ihr das herankeuchende alte Frauchen. Sie blieb auf der Plattform, schüttelte den Schnee aus ihrem Halsschal und fächelte sich das glühende Gesicht. Helene stieg in den Wagen, sie kramte in ihrer Handtasche nach der Börse und griff verstohlen nach dem Taschentuch, um ihre Tränen zu verbergen. Der Schaffner klingelte schon.

Da zupfte jemand sie am Ärmel. Die Altchen war's. »Ihr Mann will noch was sagen!«

Da stand er auf dem Trittbrett, außer Atem, heiß und beinahe jung sah er aus. »Na, wir fahren!« knurrte der Schaffner. Da sprang Fritz herunter. Aber er konnte gerade noch sagen: »Am Heiligen Abend um fünf bin ich bei dir.« Die Bahn ruckte an, der Schnee stob wie eine weiße Wand, alles war wie fortgeweht, und der Schaffner rief: »Bitte, das Fahrgeld!«

»Er muß noch fortfahren vorm Fest, was?« fragte die gute alte Stimme neben Helene. »Ja«, antwortete sie, mit einem sichern Gefühl, daß jeder, jeder bis zu dem plieraugigen Gemüsehändler und dem Schaffner es ihr ansehen mußte, wie sie strahlte. »Ja. Aber zum Heiligen Abend kommt er wieder.«

DER LEUCHTER

Von meinem Mutterbaum im Winde fortgetragen,
Aus winzgem Samenkorn stieg ich in fernen Tagen,
Ich wuchs am Wiesenrand, getränkt von Tau und Regen,
Dem grünen Kraut, dem Gras, dem hohen Korn entgegen.
Ich reckt' und streckte mich mit jedem jungen Jahr,
Bis ich im grünen Kleid hoch wie der Weißdorn war.
Berauschend stieg im März durch Stamm und Zweig der Saft,
Mit jedem Herbststurm neu erprobt ich meine Kraft,
Bis ich als Höchster stand in meinem Wiesenreich,
An Weg und Waldrand kam kein andrer Baum mir gleich.

O Lust der grünen Welt, im Sonnenschein zu stehen,
Nachts bei des Mondes Licht flüstern im leisen Wehen,
Herrlich im Blätterschmuck, – doch herrlicher fürwahr,
Wenn auf dem weißen Schnee sich zeichnet zart und klar
Form, die des Schöpfers Geist so wunderbar erdacht,
In deren kahl Geäst in dunkle Winternacht
Er seines Hirtenstabs strahlenden Dreistern hing,
Wenn still, wie Flocke fällt, das Jahr zu Ende ging.

O Lust der grünen Welt, o blasses Morgenlicht!
Tau rann wie Träne rinnt über mein Blattgesicht,
Frührot erweckte mich. Schlaftrunken hört' ich kaum
Das Todeslied der Axt in meinem Morgentraum.
Doch als das Jubellied der ersten Lerche scholl,
Aus tiefer Wunde Schnitt mein klares Baumblut quoll.
Aufsprühte Halm und Blatt in tausend Sonnenfunken,
Als über Strauch und Kraut ich stürzend hingesunken,

Als hell an Stumpf und Stamm der goldne Tagesstrahl
Der Jahresringe Kreis gezählt zum erstenmal.

Weh, graue Dämmerzeit, Tod ohne Todesrast!
Der Säge scharfer Zahn hat meinen Leib erfaßt.
So nackt, so arm und bloß, zerstückt umhergetrieben,
O Lust der grünen Welt, – was war von dir geblieben?!

Ich lag, wertloser Stumpf, gebannt in tiefen Schlaf,
Als sanft erweckend mich ein stilles Leuchten traf.
Es rief des Künstlers Herz, es rief sein Schöpferblick
Aus grauverstaubtem Holz die Seele neu zurück.
So klein das Werkzeug war, doch dient es, treubescheiden,
Der Hand, die, wie mein Leib, gezeichnet war von Leiden.
Es schaffte, treu dem Geist, der meinen Geist verstand,
Bis gottgewollte Form wieder aus mir erstand.

Ich wuchs mit schönem Stamm zierlich empor und schlank,
Ich breitete ins Licht der Arme Zwiegerank,
In Winterdunkelheit trag tröstend ich herein
Der Kerzen Dreigestirn mit goldnem Weihnachtsschein
Und mahn im Gleichnis hold ein Herz, durch mich bewegt,
An Gottes Weltenbaum, der Erd und Himmel trägt!

DIE STUNDE IM WINTERWALD

Der alte Oheim aus Ostpreußen erzählt:

Manchmal träume ich wieder, wir sitzen alle in dem alten Gutshaus in Mutters Stube um den Kamin, und Großtante Riekchen erzählt wieder ihre herrlichen Spukgeschichten: von dem erfrorenen Zigeunerkind, das der hartherzige Schulze vom Hof jagte, von der Lehrersfrau, hinter deren Schlitten der Teufel als schwarzer Hund lief – und die »ganz wahre« Geschichte von dem Kutscher des alten Grafen, der bei dem großen Schneesturm Anno 17 nicht mit den anderen im Krug blieb, sondern losfuhr, allen Warnungen zum Trotz, und schon im nahen Hohlweg mitsamt dem Vierergespann im Schnee umkam. »Und das war der Onkel von unserm Borchert!« fügte die Mutter dann bekräftigend hinzu und ließ das Strickzeug sinken. Wir saßen alle ganz still, und es war sehr tröstlich, dann draußen Borchert zu hören, wie er den Schnee von den Stiefeln stampfte und an Vaters Tür klopfte zum Abendbericht.

Das war jenes Schneeweihnachten, als der Vater in Berlin war und Theo, der von Niesky kam, in Küstrin zu ihm steigen sollte. Unterwegs schneiten sie ein, irgendwo bei Krojanke, und wir warteten bis zum Heiligen Abend. Ich war gerade noch mit dem letzten Kleinbahnzug von Königsberg gekommen, auch mit Verspätung. Borchert mußte immer wieder zur D-Zug-Station mit dem Schlitten, und Mutter machte dann endlich die große Leutebescherung allein und war so aufgeregt, daß sogar Treff und Deta im Bogen um sie herumgingen. Am Heiligen Abend, gleich nach dem Frühstück, entdeckte Deta, daß ihr Teddy noch nicht da sei – mein erstes Mitbringsel aus München, Teddy der Geliebte, der immer dicht unter dem Weihnachtsbaum sitzen mußte! Er war im Kampf mit Mamsellchens dickem Kater schwer verwundet worden, hatte ein Auge verloren und war zum alten Fräulein Empacher im Städtchen in Behandlung gegeben und noch nicht abgeholt. Borchert mußte eben wieder einmal zur Station fahren, konnte aber nicht mit diesem Auftrag betraut werden, da er ja wohl bis zum Abend zu warten hatte. Der Teddy aber mußte herbei, ja, es ergab sich noch eine ganze Reihe allernotwendigster Besorgungen, die ich erledigen sollte, samt etlichen Rezepten für die Apotheke. Auch flüsterte mir Deta rasch ins Ohr, daß es im Wirtschaftsgeschäft am Markt reizende Puppenschneeschläger gäbe, und Treff und Waldi wären gewöhnt, daß Vater ihnen am Heiligen Abend drei Paar Knobelwürstchen mitbrächte. Großtante Riekchen bestand noch rasch auf einem Pfund Teekonfekt aus der Konditorei am Mühlentor. Ich ergriff meine Zettel, sprang unter die blauen Pelzdecken und sauste unterm Schellengebimmel an der großen Kastanie vorbei und die Allee abwärts in die weiße Weite, ehe noch andere Bestellungen und Mahnrufe Borchert und mich erreichen konnten.

Es war ein ganz stiller Wintervormittag. Rein und glatt lag der Schnee. Der Himmel war wie mit Silber unterlegt, unerträglich blendete das zartgraue Gewölk, und die weiße Fläche, Hügel und Grund waren verwischt, dick lag der Schnee auf den Kastanien der Allee, dick wie eine Kappe auf dem großen Strohhaufen. Der Gräberberg vor uns zur Rechten sah aus wie Silber. Tief unten, eine unendliche Wiese, dehnte sich der verschneite See hinter dem braunen Strich des Röhrichts. Unten sah das Abbaugehöft aus dem Weiß, und ganz fern, an der dunklen Uferlinie des Kanals, leuchteten das rote Haus des Sägemüllers und die gelben Holzstapel. Aber alles, auch der winzige Staffelturm der Heiligendorfer Kirche, lag wie erstickt in diesem weißen, kaum gewellten, blendenden Daun. Ganz von weitem hörte man manchmal Schlittenglocken, nicht so hell und silbern wie die unseren, näherkommend, vorübergleitend, unten auf der verschneiten Chaussee davoneilend und verhallend. Es war schön, ein bißchen geisterhaft und sehr einschläfernd.

Am Markt hielt Borchert mit einem Ruck, als müßte er für den Vater am »Preußischen Hof« vorfahren, und sah mißbilligend, wie verschlafen ich mich aus den Decken wikkelte. Er murmelte mahnend »man nuscht vergessen!« und war mit Schlitten und Braunen wie ein Spuk verschwunden, ehe ich noch auf den Stufen vor der Kgl. privilegierten Apotheke »Zum Schwarzen Adler« meinen Besorgungszettel durchstudiert hatte. Es schien, daß die halbe Umgebung plötzlich erkrankt war, so voll war es drinnen, aber auch in allen übrigen Läden, deren Auslagen immer noch verlockend von Engelshaar und Sternen funkelten, so daß auch ich noch allerlei kleine Geschenke erstand. Dem dicken Martin vom Sägemüller, der mich zurück bis zur Brücke mitnehmen wollte und geduldig wartete, bis ich mit dem Teddy kam, mußte ich auch etwas zustecken.

Der Teddy saß schon auf der weißen Kommodendecke neben dem noch ungeputzten Weihnachtsbäumchen im Giebelzimmer des alten Fräuleins, und beide blickten gleich verängstigt, daß man ihn hier vergessen könnte. Er ging nicht mehr in meinen von allen Päckchen überfüllten Rucksack, und so stopfte ich ihn in seiner weißen Seidenpapierhülle unter meine Pelzjacke.

Auf der Rückfahrt blendete der Schnee noch mehr, obgleich das Gewölk dichter wurde. Ein immer wachsender, eisiger Wind stieß uns hier im Freien sausend entgegen, trieb feine Eiskristalle, scharf wie Messerchen, in unser Gesicht und gegen die tränenden Augen. Martin knurrte vor Ärger, und die schweren Ermländer jagten dahin wie besessen. An dem verschneiten Brückchen neben der Weide am Bachgrund hielt der Schlitten. »Rasch, steig aus, mach, daß du über den Berg kommst!« mahnte Martin, – »gleich geht's los mit Stiemwetter!« Er wandte sich noch einmal um, ehe der breite Schlitten mit Gebimmel und Peitschenknall um die Ecke bog, in den Landweg nach dem Sägewerk zu.

Ich stand wie betäubt, plötzlich kalt bis ins Mark und von einem mir ganz fremden Verlassenheitsgefühl wie mit Wasser beschüttet. Trotz der dicken Pelzjacke spürte ich das schneidende Sausen des Ostwinds und hörte das Orgeln in den sich hin und her wiegenden Tannenwipfeln oben auf dem Kamm des Hangs. Ein Hohlweg war es, wenn auch nicht der, in dem der alte Kutscher so nahe am Krug umgekommen war, – aber viel weiter doch von aller Menschenwohnung abgelegen als jener. Es wurde hier unten dunkler, der immer stärker einsetzende Sturm jagte zerrissenes Gewölk vorbei, und nun fielen erst ein paar große, wirbelnde Flocken. Dann aber setzte es ein, heulend und sausend, in so ungestümem Kreisen, daß Schwindel mich ergriff. Kein weißes Flockenwehen mehr, ein gräßlicher, wilder Tanz schwarzgrauen, gespenstischen Drehens. Eisig wie kalte Tücher schlug es in mein Gesicht, ließ mich nach Atem ringen, warf sich mir immer wieder wütend entgegen.

Zum ersten Male war ich ganz allein in diesem Ringen mit einer nicht greifbaren Gewalt. Es war anders als auf den Skiern im Gebirge, wo die Spur der anderen Läufer überall zu sehen war, ihr Vorübergleiten, ihre frohe Weltlichkeit immer erreichbar schien. Hier fühlte ich nur eins: ich mußte bergauf kommen gegen alles, was sich mir entgegenstemmte. Aber ich wußte nicht, ob ich wirklich weitergelangte, so schwindlig war ich, so ausgelöscht schien mein Denken. Manchmal blies der Wind stärker, dann tauchte aus dem weißen Strudeln ein schwarznadeliger Tannenast oder ein dorniger Zweig mit welkem Brombeerblatt dürr und böse vor mir auf.

Einmal versank ich in einer Schneewehe, aber ich raffte mich auf, schweißüberströmt und zitternd vor Erschöpfung, aufgetrieben von letztem, halbbewußtem Lebenswillen wie ein Ertrinkender, und stolperte weiter. Und dann – mit langem, tierischem Aufheulen – fuhr der Sturm bergab. Es wurde jählings still bis auf ein letztes, verhallendes Sausen. Nur noch ein paar milchig weiße Flocken taumelten in mein Gesicht, ringsum war wieder silbrige Helle, ja, ein blasser, gelblicher Schein sah durch die Stämme, die auf einmal ganz nahe, nicht mehr hoch über mir standen. Ich lehnte an einem Eschenstamm, immer noch von der Anstrengung keuchend, und fühlte auf meiner Brust drükkend, aber warm und weich wie etwas Lebendiges unter dem knisternden Papier – den Teddy! Bei dieser Berührung war auf einmal alles wieder da, was in dem Kampf mit dem Schnee wie in einen weißen Brunnen versunken gewesen: das alte Haus oben unter der großen Kastanie, der Hof mit den Ställen, die Weihnachtsstube, Detas Rufen, Mutters eiliger Schritt – und über alle Müdigkeit meines Körpers, über das Verlangen, mich in den Schnee zu werfen und zu schlafen, siegte dieses: zu ihnen zu kommen, ihre Wärme und Nähe zu spüren!

Ich stand nun auf dem Kamm des Gräberbergs, und wenn ich auch hier noch nicht hinuntersehen konnte nach unsern Wiesen, nach dem Feldweg, der in unsere Allee einbog, ich wußte ihn doch nahe. Ich schüttelte den Schnee von Rucksack und Kappe und trabte weiter. Irgendein Laut traf mein Ohr. Hatte jemand gerufen? Nein, es blieb ganz still. Nur das leise Sausen der Wipfel oben war zu hören und das weiche Fallen der Schneeklumpen von den Ästen. Aber nun knackte ein Zweig, und etwas stöhnte und atmete qualvoll.

Ich war schon ein paar Schritte bergab gegangen, aber nun zögerte ich doch und drehte um, nach einem kurzen Augenblick, in dem das alte Kindergrauen mich überfiel. Aber ich schämte mich gleich. Der Weg lag so glatt wie gefegt, die Schneewächten waren an den Steinhaufen zur Seite geweht, Schlittenspuren glänzten bis in den Seitenweg, wo der Schnee auf den hohen Holzklaftern lag. Zugedeckt war der Graben, fast verweht das wirrwachsende Unterholz, das wie eine Hecke daran entlanglief. Aber dann kam das Stöhnen wieder, nun lauter. Ich bog um den Holzstapel – und dann traf mich ein Blick, gelb glühend wie Feuer in der Qual des Todeskampfes, der Blick des sterbenden, riesigen Keilers, der da mit zerschmettertem Rückgrat unter der Fichte lag, die wohl der Sturm der letzten Nacht entwurzelt hatte, denn auf ihrem Stamm und in dem zerzausten Wurzelnest lag schon dicker Schnee. In dem dichten, verwachsenen Unterholz hatte er Schutz gesucht, als der Stamm über ihn fiel. Nun lag er hier, todverfallen, in einer Qual, die ich nicht lindern, nicht einmal verkürzen konnte. Nichts vermochte ich, nur dies eine: bei ihm zu bleiben, bis alles vorüber war. In der eisigen Winterwelt seines Waldes erlebte ich zum ersten Male den Tod, den schrecklichen, stummen, verlassenen Tod der Kreatur.

Wie lange ich dort war, weiß ich nicht mehr. Manchmal, wenn ich ganz erstarrt war, ging ich auf und ab, ein paar Schritte hin und her auf dem vor Frost immer fester werdenden Schneegrund, und schwenkte die Arme wie Marktleute früh am Schlitten. Jedesmal fühlte ich dann den kleinen Teddy an meinem Herzen wie etwas unbeschreiblich

Tröstliches. Aber nie nahm ich den Blick von dem des sterbenden Keilers.

Eine ungeheure Qual stand in dem gelben Glühen, niemals ließ sein Auge von mir, und auf einmal hörte ich ihn röcheln, leise, anders wie solch gewaltiger, urweltlicher Leib im Todeskampf um Atem ringen mußte, und über die verkrusteten Tannenzweige rann frisches, dunkles Blut. Im Unterholz knackte es. Ich war sicher, daß anderes Schwarzwild hervorbrechen würde – aber hinter den Wacholderbüschen stob etwas davon und oben, aus den Tannenwipfeln, die sich nun sacht wieder hin und her bewegten im aufkommenden Abendwind, hoben sich laut krächzend ein paar Krähen. Ich spürte die fürchterliche Anstrengung, mit der der Keiler versuchte, sich zu heben. Wieder schrien die Krähen lauter und lauter. Und dann, immer noch mit dem Blick zu mir, wollte er sich aufrichten in einem letzten Aufbäumen. Schnee stäubte von Geäst und Stamm, Blut quoll noch einmal bis in den Schnee – und dann erlosch der gelbe Blick. Aus dem zerrissenen Gewölk sah blasses, zerflossenes Abendlicht und ich kratzte den lockeren Schnee unter dem Geäst vor und warf ihn auf das dunkle Tierhaupt und einen Bruch von der kleinen Tanne dazu.

Hinter den Wipfeln erlosch das Abendlicht, und dann ging ich, nein ich lief, lief bergab, schneller und schneller und merkte kaum, daß ich weinte. Dann kam das freie Feld und immer näher die ersten Kastanien unserer Allee. Aber etwas anderes kam auch durch die rasch sinkende Dämmerung, in der der Schnee dunkelblau schimmerte: das Geläut unserer Schlittenglocken! Und da hielt auch schon der Schlitten dicht vor mir, Borcherts gutes, rotes Gesicht beugte sich vor, und er sagte, vertraut und heiser: »Nanu – verbiestert? Na, nu man rasch unter die Decken! Der Herr Rittmeister hat auf der Station angerufen. Jetzt sind sie schon bis Marienburg, so morgen mittag werden sie ja wohl hier sein, denn soll ich wieder hinkommen.«

Dann aber sah er mich an. »Warst auf dem Gräberberg? Hast was gesehen? Bloß nich der gnädigen Frau davon erzählen!« Aber ehe wir losfuhren, drehte er sich noch einmal um und lachte ein bißchen: »Hast auch nicht der Detachen ihren Teddy vergessen? Na, denn is man gut!« Und wir fuhren bergauf durch die Allee. Beim Gärtner brannte schon der Baum, und wir hörten die Kinder singen, gerade als die Tür oben auf der Veranda aufging und sie alle dort in dem hellen Licht standen und winkten.

WEIHNACHTEN IM STALL

Brüder und Schwestern, weit von der Heimat verstreute,
Und auch ihr, Geschwister, wieder geborgen
In dem bewahrten Land – heut' stehen wir alle,
Wieder zum Kind geworden, im Stall an der Krippe.
Lieder klingen im Herzen, jahrüber verhallte,
In dem Waldhauch der kerzenfunkelnden Tanne.

Und wir denken, wie tausend der unsern gewandert
Wie einst deine Eltern, du Kind in der Krippe,
Müde in dunkler Fremde, vergeblich um Obdach
Bittend, bis endlich kärgliche Herberg sie aufnahm.
Kinder fanden, wie du, im schirmenden Stalle
Dienstbare Kreatur als erste Gefährten,
Die mit warmer Flanke und mildem Atem sie schützten.

Und so verliehst du diesen dankbaren Herzens,
Daß sie mit uns dich preisen am Heiligen Abend,
Und wer reinen Herzens und kinderfroh gläubig,
Kann, wie die greisen Hirten es heimlich erzählen –
Heute um Mitternacht hören, wie du der Stummen
Mund entsiegelst, daß sie redend dich preisen –
Lieblich klingt es dir, Christkind, wie Hirtenschalmeien,
Wie das Lied der Engel und Jubel der Kinder –,
Denn du weißt, es band sie des Vaters Wille
Unlösbar mit unserm Schicksal zusammen.

Und du hörst es, neugeborene Liebe,
Wie sie schwer vom rauschenden Lager sich heben,

Ketten klirren, es wölkt ihr frostiger Atem,
Wenn sie mit menschlicher Stimme ehrfürchtig dir danken
Für den vollendeten Ring des rinnenden Jahres,
Für den Bogen des kommenden, den du verkündest,
Danken für wachsenden Tag und rosigen Morgen,
Für den funkelnden Frost und die steigende Sonne,
Für den wärmenden Schnee, der die Saaten bedeckte,
Für des Tauwinds Gewalt, der zeitig ihn fortfegt,
Für die ostrige Bläue und mailiche Weide
An dem rauschenden Bach, dem lebentränkenden Wasser.

Für der Wipfel grünschimmerndes Dach in des Mittags
Reifender Glut und den goldenen Staub des Feldwegs,
Wenn sie die schwankende Last der rauschenden Ähren
Ziehn zu der Scheuer des Hofs, für den tauigen Abend,
Für die Heimkehr zu Tränke und Stall, zu des Menschen
Haus, dem Herrn und Gefährten von Anfang,
Ebenbild des Schöpfers, bestimmt, sie zu warten,
Daß sie ihm dienen mit Milch und geduldiger Arbeit,
Sanft ihn mahnend mit stumm ergebenem Blicke,
Daß er es nie, mit ihnen hinschreitend, vergesse,
Wie aus dem gleichen Ton auf der kreisenden Scheibe
Beider vergängliche Hülle der Vater geformt hat,
Erde-Ernährte, selbst die Erde ernährend!

Dann verstummen die Tiere. Sie senken die schweren
Häupter nieder. Es kniet der lauschende Hirte,
Sieht ein Leuchten noch aus der Krippe strahlen,
Sieht durch bereiftes Fenster in bläulicher Tiefe
Einen Stern noch funkeln. So leuchtet vom Herde
Nachts die Glut, die sorglich von Asche bedeckte,
Die zum Feuer wächst, das Tiere und Menschen
Leuchtend erwärmt und durch Dunkel und Kälte geleitet.

Brüder und Schwestern, weit über Land Verstreute,
Ihr, die Heimat fandet, und ihr ohne Heimat,
Ihr, sehnsüchtig lange Verschollener harrend,
Seht, uns allen leuchtet das Licht aus der Krippe,
Heute uns alle noch einmal wie Kinder vereinend,
Herzen tauend, vereister als Felsen und Seen,
Stimme verleihend auch denen, die stummer als jene,
Deren Lippen er heute dankbar entsiegelt,
Daß sie alle uns lehren, wieviel zu danken
Ihnen und uns noch blieb im Ringe des Jahres,
In dem Dunkel des Leidens, des Wanderns, des Mühens –,
Daß wir ihm danken, Hand in Hand wie Geschwister
Einmal vereint um des Christkinds Krippe im Stalle!

DER BLAUE MANTEL

Das alte Fräulein Horneffer kam vom Friedhof, wo sie den Adventskranz um den Erikatopf auf das Grab ihres alten Martchens gelegt hatte – immer noch ein bißchen verwundert, sie hier zu finden und auf dem Doppelgrabstein Martchens und den eigenen Namen »Frida Horneffer aus Ostpreußen« zu sehen, unter dem nur noch ihr Todesdatum fehlte. Aber diese halb gerührte Stimmung war nun verflogen, wie sie so mühsam auf dem steil bergab führenden Weg gegen den Wind ankämpfte, der ihr den eisigen Abendnebel entgegentrieb.

Sie fühlte, ärgerlich über sich selbst, wie sie wieder einmal, gleich der Kriegerbraut Lenore, fortfuhr, »mit Gottes Vorsehung vermessen zu hadern«. Eigentlich nur mit einer unbekannten Vorsehung. Denn den lieben Gott hatte sie in ihrem Herzen so weit zurückgeschoben wie ihren alten blauen Wintermantel (der sie doch im Keller, auf der Flucht, im Lager, und sogar hier noch in den ersten Jahren so gut gewärmt hatte) in ihren Kleiderschrank. Denn es war ihr – und nicht nur ihr – in den letzten zwanzig Jahren allerlei begegnet, worüber sie sich nachts mit Ihm in sehr einseitigen Gesprächen unterhalten hatte, bis sie diese nach Martchens Tod – mit dem sie alles: Heimat, Familie, Freundschaft, noch einmal und für immer verlor –, ganz einstellte.

Sie lehnte sich auf ihren Stock und rang nach Luft. Aber nun fiel schon das blasse Licht der Straßenampel durch die kahlen Wipfel auf den Weg, und jetzt das wärmere der Schaufenster und der Apotheke. Ob sie nicht noch dort ansprechen und um ein gutes Schlafmittel bitten sollte? Ein extra starkes, über die Feiertage reichendes, für Flüchtlinge. Aber der alte Provisor, ihr Landsmann, würde mit Berufsmiene dann wohl zu »Bärenfang« raten.

Der Gedanke hob ihre Laune, und der Anblick der großen Weihnachtstanne, die da so still mit ihren vielen Lichtern auf dem Rasenrondell der Anlagen leuchtete und ihr irgendwie märchenartig erschien, beschwichtigte sie, so daß sie, munter mit dem Stock aufstoßend, zwar verfroren, aber nicht mehr hadernd, sich vor dem hübschen Neubau fand, wo sie nun im ersten Stock bei der verwitweten Frau Schulze ein Zimmer gefunden hatte, nachdem die zweite Mansardenwohnung, auf die sie und Martchen sich schon gefreut hatten, nach deren Tod sogleich dem Ehepaar Borchert zugesprochen worden war. Womit sich Fräulein Horneffer allmählich ausgesöhnt hatte, dank der Tüchtigkeit des alten Landsmanns, der auch die Heizung betreute, und der Hilfsbereitschaft seiner Ehefrau.

Nur ein Fenster war da erleuchtet – um so heller war's in der größeren Wohnung, bei Studienrat Langers. Die junge Frau putzte da wohl gerade den Weihnachtsbaum für die beiden Kinder. Nette Leute, diese neuen Mieter, sie grüßten so freundlich, wenn man sich auf der Treppe begegnete, und die Kleine machte einen Knicks. Sie trug ein rotes Lappenmützchen auf dem braunen Pagenkopf, und das dicke Jungchen im Wagen war so blond, wie Fitzebutze gewesen war – damals im Bunker – –

Das alte Fräulein schüttelte sich. Nein, sie war zu müde für Erinnerungen. Sie wollte bloß hinauf ins Warme.

Im Erdgeschoß war alles still, das alte Pastorenehepaar war zu den Kindern gereist, gerade wie die fast immer auf Verwandtenbesuchen kreisende Witwe Schulze, die nicht nur die Küchenbenutzung, auch Blumengießen und Lüften gerne ihrer Mieterin überließ.

Fräulein Horneffer kämpfte noch ein bißchen mit dem

Sicherheitsschloß, dann schlug ihr die sanfte Wärme in dem schmalen Korridor entgegen, aus dem schmalen Spiegel sah das eigene blasse Gesicht recht müde heraus. Sie klinkte rasch die Tür zu ihrem Zimmer auf, sah sich wie immer genau darin um, als könnte etwas an dieser noch mit Martchen erstandenen Einrichtung fehlen, fühlte einen bescheidenen Stolz, als sie auf ihr Bett blickte – das eigene Bett –, und ein heftiges Verlangen, sich tief in seinen Federkissen vor Welt und Erinnerungen zu verbergen. Aber ein Blick auf den Wecker bewog sie, von diesem unzeitigen Wunsch abzusehen. Sie griff nach der kleinen bunten Teebüchse und dem braunen Päckchen Thorner Katarinchen, die neben der tannenumwickelten Kerze auf dem gestickten Deckchen lagen – alljährliche Weihnachtsgaben ihrer letzten Schulkameradin, des getreuen Ellachens, die wie die Katarinchen nun von der Weichsel nach Holstein verschlagen war.

Das alte Fräulein band ihre große, schwarz-weiße Hausschürze um, steckte die Pfefferkuchen in die weite Tasche, dachte, wie gut es sei, daß noch ein einziger Mensch sie – wenn auch nur auf einer Weihnachtskarte – »Fridchen« nannte, und ging in die Küche. »Ihre« Küche, wie sie dies gelbgekachelte Gemach nannte, – denn die reiselustige Witwe zog auch daheim Hotelessen der Mühsal eigenen Kochens vor.

Der Tee war eben aufgebrüht, das Kesselchen zischte noch. Von weit her kam, erst leise, dann anschwellend zu gellendem Heulen und erst langsam verhallend, der Laut, an den Fräulein Horneffer sich immer noch nicht gewöhnen konnte, – das Warnungssignal der nahen Kleinbahn. Aber es wurde von einem anderen Lärm übertönt, dem zweimaligen kurzen Klingeln, das die gute Frau Borchert ankündigte.

Und da stand sie vor ihr, ungewohnt rot, aufgeregt

und ein bißchen verstruwelt und trotz Atemlosigkeit sofort wie in einem unterbrochenen Selbstgespräch weiterredend: »Endlich sind Sie da! Ich sag zu meinem Alten – er liegt wieder mit Hexenschuß –, ich sag, wer bleibt auch im Stockdunkeln auf'm Kirchhof? Mir brennt's auf den Nägeln, an die Bahn zu kommen, – und wie kann ich von den Kindern weg, wenn keiner auf die aufpaßt? Der Herr Langer kann doch nich vor Stunden zurück sein, und die Frau behalten sie doch gleich im Krankenhaus, sag ich – –«

Fräulein Horneffer stand überwältigt vor dem Redestrom, trank aber noch rasch einen Schluck brühheißen Tee aus dem Kännchen und folgte – zwar nach Lichtausknipsen und Schlüsselergreifen, aber ohne abzusperren – der aufgeregten Frau Borchert treppab.

Da aber auch diese zwischenein Luft schöpfen mußte, erfuhr sie von Tür zu Türe doch soviel, daß die junge Frau Langer auf der Kellertreppe ausgeglitten war, als sie den Baum heraufholen wollte, »und sich was gebrochen hatte« –, daß der Ehemann auf Rat des Kinderarztes, den Frau Borchert gerufen, dann mit ihr in seiner Isetta zum Krankenhaus in der Stadt gefahren wäre, und daß sie – Frau Borchert – versprochen hätte, bei den Kindern zu bleiben, als ein Telegramm kam, das die Ankunft ihrer alten Schwägerin meldete, die auf der Fahrt zum Sohn in Remscheid nochmal ihren Bruder sehen wollte.

»Ein Unglück kommt eben nie allein«, schloß Frau Borchert ihren Bericht und schob das alte Fräulein vor sich her durch den Flur der Langerschen Wohnung ins Kinderzimmer.

Im sanften Schein des Herrnhuter Weihnachtssterns hob sich ein runder blonder Jungenskopf über das Geländer des Spielställchens und ein dunkles Pagenköpfchen von der Puppenwiege in der Kommodennische, als Frau Borcherts vom Reden rauhe Stimme sagte: »So, Ullachen, das is die liebe Tante, die bei dir und dem Hansi bleibt, bis« – sie schluckte ein bißchen – »eure Eltern vom Weihnachtsmann zurückkommen. Nu seid man hübsch artig und laßt euch schön zu Bett bringen« –

Dann flüsterte sie noch rasch: »Brei is all fertig –, die Ullachen kriegt noch ein Brot« – und fort war sie.

Das alte Fräulein lehnte noch immer an der Kommode. Wie aus einem Traum erwachend sah sie die bunten Fenstervorhänge, die weißen Gitterbettchen, das Puppenbett und den Adventskalender über dem Immortellenkränzchen, sah das rote Autochen und den einohrigen Bären auf dem Spielteppich. Aufschluchzend sagte sie: »Ach Gott!«

Zwei große, runde blaue Augen und zwei blanke haselbraune sahen verwundert und dann zutraulich zu ihr empor. Sie fühlte, wie es nun heiß und feucht unaufhaltsam über ihr Gesicht strömte, und suchte nach ihrem Taschentuch. Aber in der Tasche knisterte es, und sie zog nur zwei braune Pfefferkuchen vor.

»Hamm – hamm!« sagte ein entzücktes Stimmchen. Die feste kleine Jungenpfote reckte sich über das Geländer des Ställchens.

Aber auch eine andere Kinderhand, bräunlich und feingliedrig, streckte sich ihr entgegen und hielt ein zerdrücktes rosa Taschentüchelchen: »Da! Ich hatte auch mal Schnupfen!« –

Als eine gute Stunde später Dr. phil. Kurt Langer nach Hause kam, allein und sehr verzagt und sehr leise, damit die Kinder ihn nicht hören sollten, blieb er verwundert in der Tür des Kinderzimmers stehen. Wen er da zuerst gewahrte, das war nicht die breite Frau Borchert, sondern eine ihr recht unähnliche alte Dame, die er nur sehr reserviert grüßend aus dem Treppenhaus kannte. Aber da saß sie, sehr verwandelt, in einer etwas fleckigen Hausschürze auf dem Stuhl an Ullas Bett, hielt den Dicken auf seinem Töpfchen zwischen ihre Knie geklemmt und wehrte sich lachend gegen Ulla. Ulla, die er in Tränen aufgelöst und noch angezogen erwartet hatte, die aber schon im Nachtröckchen auf ihrem Kopfkissen hüpfte, die Arme um das alte Fräulein geschlungen hatte und lachend schrie: »Sing, Tänti, sing noch mal!«

Dr. Langer stand überwältigt an der Tür. Aber dann sammelte er sich – schließlich war er ja Pädagoge –, sagte »Ja?«, als ob die andern ihn etwas gefragt hätten, ging auf Fräulein Horneffer zu, die vergeblich versuchte, seinen Gruß zu erwidern, und strich verlegen über Hansis blonden Kopf.

Er war ziemlich ratlos, unerwarteten Situationen fühlte er sich ohne seine Frau nie gewachsen.

Mittlerweile war es Fräulein Horneffer gelungen, sich aus Ullas Umarmung freizumachen. Sie strich über ihr verwirrtes Haar und sagte: »Abendbrot steht in der Küche«, – und stützte den hin und her schwankenden Hansi.

»Frau Borchert mußte zur Bahn, eine Verwandte abholen«, fügte sie erklärend hinzu.

Ulla unterbrach sie, rief, immer noch hüpfend: »Wir haben schon gegessen und Tänti hat uns gewaschen und von Weihnachten erzählt, und wir haben gesungen, – und wo ist Mutti?« Der Vater hob gerade den Dicken auf, dessen blonder Kopf schlaftrunken auf seiner Schulter lag, und erzählte halblaut, wie er ihn sorgfältig zu Bett brachte, daß der Weihnachtsmann dem Onkel Doktor befohlen hatte, die Mutti noch eine Weile zu behalten, bis ihr armer Arm ganz heil wäre!

Er fühlte wieder eine kleine Enttäuschung über Ulla, die doch so ein zärtliches Mutterkind war –, aber auch eine kleine über sich selbst. Wer spät heiratet, versteht wohl so kleine Mädchen nicht. »Ja, ja«, sagte er beruhigend und wich ein bißchen zur Seite, als eine lange, schmale, schon recht hochadrige Hand mit einem zu weiten Siegelring den einohrigen Bären auf Hansis Kissen lege. Der spürte ihn und schlang den Arm um sein geliebtes Spielzeug.

Dr. Langer blickte auf und lächelte. Sein Gesicht sah jung und froh aus, trotz der grauen Schläfen und der Abgespanntheit. Das ermutigte Tänti: »Wenn es Ihnen recht wäre, Herr Doktor, – und wenn Ihre Frau nichts dagegen hätte –, ich kenne Kinder. Wir waren fünf. Und mein ältester Neffe war schon verheiratet, hatte zwei Kinder, wie, wie –«

Ihre Stimme brach. Sie zitterte. Beide schwiegen. Ein langgezogener heulender Laut kam von fern, schwoll näherkommend an, raste vorüber.

Auf einmal war Kellerdunkel um sie, war Martchens stoßweiser Atem an ihrem Ohr, waren zwei seidenweiche Kinderköpfchen an ihrer Schulter, umschlangen ihre bebenden Arme und Kniee zwei schmale Knabenkörperchen, flüsterte es ins jäh verstummende Heulen: »Otante, hast du Angst« – –

Sie fand sich erwachend, taumelnd wie nach bösem Traum, an Ullas Gitterbettchen geklammert. Vor ihr stand Dr. Langer. Er sah sie mit seinen guten grauen Lehreraugen ruhig an (»Die Schüler gehen für ihn durchs Feuer«, hatte Frau Schulze erzählt), als wüßte er alles. Er nickte. Er hatte sie verstanden.

»Meine Frau wird Ihnen sehr dankbar sein«, sagte er still. Und dann ganz leise: »Wir haben beide keine Eltern mehr. Margarete ist aus dem Buchenland.«

Dann schwiegen sie. Ihre Gedanken gingen zurück – seine einen weiten, weiten Weg, der von der Leine zum Schwarzen Meer führte und zurück – und zu einem stillen Krankenhauszimmer in der Stadt –, und ihre zu zwei kleinen Blondköpfen – fern, fern weichend, –

Dann schraken beide auf und wandten sich um. Über Hansis sanftem Atem hatten sie es überhört, daß Ulla, jäh von Müdigkeit überwältigt, unter ihre Decke geglitten war und schon ihr Abendgebet murmelte.

Als der Vater sich über sie beugte, war sie gerade beim Amen. Aber ohne noch einmal die Augen zu öffnen – denn sie lag schon auf ihrer Schlafseite –, sagte sie noch »und mach die Mutti gesund, daß wir den Baum anstecken können, und schenk mir eine Oma –«

Das Flüstern erstarb. Der Herrnhuter Stern erlosch, und als der Vater nun leise die Tür des Kinderzimmers zuzog, stand Fräulein Horneffer schon hellbeleuchtet in der Flurtür und sagte wie abschließend: »Also Punkt acht bin ich hier!« und war fort, ehe Dr. Langer etwas erwidern konnte.

Als sie dann in ihrem Zimmer stand und den alten Wekker auf halb sieben stellte (seufzend, denn sie schlief gern lange), merkte sie erst, wie müde sie war. Doch schien ihr noch keine Ruhe beschieden, denn nun klopfte es zweimal kräftig an der Flurtüre. Sie konnte gerade noch die Hausschürze abbinden, da stand schon Frau Borchert vor ihr und schob ein dünnes, altes Frauchen im grauverblichenen Kleid vor sich her ins Zimmer. »Das is sie!« sagte sie mit großartiger Handbewegung –, »und da is unser Fräulein. Auch von zu Hause.«

Die Altchen sah auf. Unter dem schwarzen Kopftuch auf dem eisengrauen, krausen Scheitel blickte ein kleines, feines, von Sonne und Wind gegerbtes, von Kummer verblaßtes, von hundert Fältchen durchzogenes, ganz und gar heimatliches Gesicht aus kleinen grauen Augen die hagere alte Landsmännin an.

»Nämlich«, fuhr Frau Borchert unbeirrt vom Schweigen der beiden anderen fort, »unsere Oma hat bloß eine kurze Strickjacke. Und meinem Alten seine is ihr zu groß. Und er braucht sie ja auch. Und da dachte ich so – vielleicht haben Sie noch den blauen Mantel, an dem damals die Meisen am Pelzkragen pickten, als Sie ihn im März sonnten – –«

Sie brauchte nicht weiterzureden. Fräulein Horneffer stand schon vor der weit offenen Tür des Birnbaumschranks. Ein Bügel klirrte zur Erde. Als Frau Borchert ihn leise ächzend aufhob, stand ihre Schwägerin schon in dem blauen Mantel vor ihr. Reichlich lang war er ja, auch weit. Aber man kann was unterziehen, und lang wärmt.

»Wie angegossen!« lobte sie, aber die Altchen meinte nur gleichmütig: »Dem Nackten paßt alles«, drehte sich ein bißchen, besann sich, lächelte schlau und zufrieden, sagte eilig: »Na denn auch schönen Dank und frohe Feiertage!« und huschte aus der Tür.

»Alte Leut' sind wunderlich«, versuchte Frau Borchert zu entschuldigen, fühlte aber, daß das dem lächelnden alten Fräulein gegenüber nicht ganz angebracht war, und eilte der Altchen nach, die sich schon auf dem Treppenabsatz in den Mantelsaum verfangen hatte.

Die Mieterin der Witwe Schulze wäre Frau Borchert noch viel wunderlicher erschienen als durch das ungewohnte leise Lachen, hätte sie wohl nun gesehen, wie sie da in dem langen weißen, altmodischen Nachthemd auf dem Bettrand saß und in den Schein der niedergebrannten Kerze auf dem Nachttisch blickte, unberührt von dem näherkommenden und gellend vorbeitobenden Signal des Nachtzuges. Das verlöschende Licht flammte noch einmal auf, ein Tannenzweiglein verglimmte qualmend und der Docht glühte bläulich flackernd nach. Es duftete weihnachtlich nach Wald und Honig, und das alte Fräulein bewegte die Lippen in halblautem Gespräch.

Einem sichtlich beglückenden, wenn auch Er, zu dem sie immer dringlicher sprach, nicht Antwort geben konnte, da er zur Stunde in eine Wohnung zog, die dürftiger war als jede Lagerbaracke. Der nun dort in der Krippe lag, zarter und lieblicher als Ulla und Hansi, hilfloser als die kleinen Großneffen, die die Betende einst – selbst umschlungen von Martachens treuen Armen – im dunklen Bunker unter dem blauen Mantel an ihr zitterndes Herz gepreßt hatte, wenn die Sirenen heulten.

Und der heute nur durch die gelöste Zunge der Kreatur, durch den Mund der Engel und der Unschuldigen Antwort gab allen, die bereit waren, seine Worte zu hören und in einem Herzen guten Willens zu bewegen.

DER FLÜCHTLING

Hier steh ich einsam in der sinkenden Nacht,
Der heiligen, der stillsten – auf dem Feld,
Wo Saat und Scholle, früh vom Reif verblaßt,
Jäh nur von fliehendem Autolicht erhellt,
Vertraut wie Heimat sehn.
                                        Wo ich als Gast,
Als Flüchtling kam zu deutschgebliebnem Land.
Vergangen ist die Heimat und mein Stamm,
Der Wache hielt auf dem bedrohten Damm.
Es hat gewappneten Säers strenge Hand
Uns weit verstreut aus blutgetränktem Tuch.
Laß es zum Segen sein – und nicht zum Fluch!
In unsres Bruders Acker eingesprengt,
Herr, laß uns wurzeln!
                                        Sieh, wie dichtgedrängt
Die Halme stehn und finden alle Raum
Zu träumen, in dem gleichen Grund geborgen,
Der Ähren und der Völker alter Traum:
In ihres kurzen Erdentages Schein
Friedlich zu reifen goldnem Erntemorgen
Und eines neuen Frühlings Saat zu sein!

DIE WEIHNACHTSSTRASSE

Es sind jetzt einige siebzig Jahre her, daß in meinem bis dahin so sorglos verlaufenen Leben ein Heft auftauchte, das sich auf dem weißen Schildchen seines blauen Umschlags »Aufgabenheft« nannte. Seine Seiten zeigten je drei Wochentage, schwarz auf weiß, sie glichen den Meilensteinen einer Chaussee, nur waren sie statt in Kilometer in Stunden eingeteilt, in denen ich mich durch Fleiß und Aufmerksamkeit zu einem nützlichen Mitmenschen entwickeln sollte.

Ich betrachtete diese vortreffliche Einteilung mit tiefem Mißtrauen, ohne noch zu ahnen, daß sie mein Leben fortan begleiten würde, wenn auch in oft verwandelter und zuletzt unsichtbarer Gestalt. Auch daß bei diesen dosenweise zugemessenen Aufgaben der Hauptwert auf die fleißige Konjugation des Verbs »müssen« gelegt wurde, wußte ich noch nicht. Und obgleich ich aus der Stadt des großen Philosophen stamme, haben mir seine Aussprüche, bei aller Ehrfurcht, dieses Studium nur wenig erleichtert. Der einzige Vorzug dieses Verbs ist, daß auch der wütendste Tyrann seinen Imperativ nur mit persönlicher Anrede gebrauchen kann. Während das ihm entgegengesetzte Verb »lieben« sogar mit verstummtem Mund von Heiligen und Müttern in der Befehlsform gebraucht wird.

Aber dies ist eine Abschweifung, wie sie der Redseligkeit des Alters eigen ist. Ich wollte bloß sagen, daß ich mich jetzt schon eine ganze Weile entschlossen habe, nur noch theoretisch auf dieser Chaussee zu wandeln. Ich habe – im stillen, versteht sich – den ruhigeren Seitenweg eingeschlagen, dessen Wegweiser die in allen Sprachen gleich leserliche Inschrift: »WEG NACH WEIHNACHTEN« trägt.

Nicht, daß dieser Weg einsam wäre, – so viele Kinder, wie meinen Weg dort begleiten, und so viele nette alte Omas gibt es auf keiner anderen Straße. Zudem ist es eigentlich eine schöne Allee (auf der Landkarte heißt sie für mich Bundesstraße 1; für jeden ist es wohl eine andere). Aber es stehen weder Linden noch Pappeln noch Obstbäume an ihr, obgleich viele Bäume rote Äpfel tragen! Denn es sind alles Weihnachtsbäume, und für jeden, der auf ihr wandert, nehmen sie die Gestalt an, die sein Herz wünscht! Gerade wie das ferne Licht am Ende der Allee, deren Boden so weiß und rein wie frischgefallener Schnee und der Zuckerguß auf Marzipanherzen ist, auch für jeden als ein anderes erscheint.

Mir ist es immer so, als ob da am Ende der Allee, zwischen zwei ganz hohen Tannen, der große goldene Altar unseres Königsberger Doms auf mich wartet! So wandere ich denn getrost darauf zu, umklungen von dem lieblichsten Gesang. Er kommt mit zarten Flocken aus der mondsilbernen Luft wie aus den Zweigen, obgleich jeder für sich das singt, was er heraushört und was ihm beim Wandern einfällt.

Gerade wie ich mit den Kleinen, die auf einmal um mich herum sind, »Ihr Kinderlein kommet« anstimme und mich wundere, wie groß die Weihnachtsbäume hier am Beginn der Allee sind, erkenne ich an dem ersten den Pappstorch mit dem lackroten Schnabel und seinen Bruder, den Schwan, wie sie sich leise im warmen Schein der bunten Kerzen drehen. Und wie ich in die Höhe blicke, richtig, da schwebt unter der silberblanken Spitze das rosige Wachsengelchen, von dessen lockigem Haupt und segnenden Händchen die glänzenden Lamettafäden bis zu den letzten Zweigen niederhängen, rote Äpfel und braune Pfefferkuchenkringel, silberne Tannenzapfen, goldene Nüsse und bunte Papierketten einspinnend. Nun bewegen sich die grünen Zweige; bernsteinbraune Augen funkeln mich an, es blafft freudig –

und schwarz und wollig rollt mein Mohrchen hervor! Und Tannen und Mohrchen spiegeln sich im großen Pfeilerspiegel unseres Saals, der auf einmal dahintersteht, immer wieder auch hinter den nächsten Bäumen.

Nun reiche ich schon bis zu dem mittelsten Ast. Noch ist Mohrchen bei mir, aber schon ein bißchen grau um die kleine Blaffschnauze. Die Kinder singen jetzt »Es ist ein Ros entsprungen« – der Storch und der Schwan hängen nicht mehr an den grünen Zweigen, die Kerzen sind nicht mehr bunt, sie sind gelb, sie hauchen Honigduft und leuchten auf ein Buch, das heißt »Heidi«, und ich möchte gar zu gerne stehenbleiben, um es noch einmal zu lesen.

Aber ich muß weiterwandern, es ist noch solch weiter Weg bis zu dem Licht. Und so viele liebe Begleiter habe ich jetzt! Ich will sie anrufen – aber sie hören nicht, sie eilen zu sehr, und auch Mohrchen ist verschwunden.

Ganz andere Bäume kommen nun, große und kleine. Eine herrliche Edeltanne steht da, hoch und dunkel, glänzend von Kerzen und von Fäden, so silbern wie das verehrte geliebte Greisinnenhaupt, das auch mich aus leuchtenden blauen Augen großmütterlich anblickt.

Da steht ein zierliches kleines Adventsbäumchen, das erste seiner Art, das meine Patin von ihrer Reise mitbrachte, und überglänzt mit seiner einzigen Kerze die kleinen dunklen Tännchen auf den beiden verschneiten Gräbern, an denen ich still verweilen möchte – aber immer weiter geht die Wanderung. Da ist wieder die kleine, zottige Tanne, die meine Liebste-Beste dem strengen Gärtner des großen englischen Parks durch ihre Bitten und ihr Heimweh abschmeichelte.

Ein Röschen leuchtet, es wird zur Weihnachtsrose aus tannenbekränztem Glas, leuchtend mit tiefem Purpurschein, der das blasse stille Gesicht und die weiße Haube einer jungen Schwester überfliegt – und von draußen aus der Schlucht klingt es herauf wie das dumpfe Grollen eines schweren Gewitters.

Ja, hörte ich das nicht schon einmal, als ich da unten gegen den Schneesturm anging? Diesmal ist es noch schwerer, es kommt immer näher, und das kleine Bäumchen neben mir mit den wenigen Lichtchen zittert bei diesem Dröhnen, das Wachs tropft heiß wie Tränen.

Es ist dunkel geworden, so dunkel wie in mondloser Nacht, und das Licht am Ziel scheint immer ferner zu werden. Der Weg ist nicht mehr glatt, er ist tief verschneit, es geht sich schwer durch diesen Schnee wie durch Dünensand. Kein Singen ist mehr in der Luft, nur das Sausen des Waldes, das Wandern vieler, vieler Füße, das Rollen vieler schwerer Räder.

Aber ein kleiner Baum leuchtet noch, noch einmal sehe ich die Augen der alten Bilder zu mir niederblicken, sehe vertrauten, bunten, geliebten Tand hinter blinkender Scheibe – und höre einen Riesenhund aufheulen, wie es nun ganz dunkel um mich wird und ich wie blind weiterwandere. Denn das Licht muß doch noch da sein und mich rufen, das fühle ich und muß gut aufpassen auf den Weg.

Aus der Schlucht rauscht es wie Brandung, der Sturm schmeckt salzig, aus der Luft braust es wie riesige Vögel, und ein fremdes Licht zuckt wie die Blitze des Wintergewitters.

Aber dann auf einmal verstummt das Grollen, das Schneetreiben. Nichts ist mehr zu hören als das sanfte Sausen alter Kiefernwipfel wie im Dünenwald der Nehrung. Der Weg ist wieder klar zu sehen im immer lichteren Frostnebel.

Richtig, Kiefern stehen neben mir, und wenn da auch kein Weihnachtsbaum steht, so spannen sich doch dünne Hanfseile wie Girlanden über den Weg; sie sind mit Kiefernästchen geschmückt und tragen den allerschönsten Weihnachtsschmuck von selbstgefertigten Sternen aus Gold- und Silberpapier, zart wie Schneeflocken, von glänzenden Strohsternen, von bunten Elfenkörbchen. Alles leise schaukelnd im warmen Hauch der niedrigen Hindenburglichter, die auch an dem efeubekränzten Julbogen vor mir leuchten, über seine Buchssträußchen und seine braungebackenen Symbole hin.

Eine Geige spielt ganz leise, eine Frau weint neben mir, ein Kind klatscht in die Hände – es wird ganz still – und eine helle Kinderstimme sagt: ». . . und Friede auf Erden« – –

Auch das verhallt, mein Weg geht weiter, er biegt um, und nun ist da wieder der Holleforst, sacht hügelan steigend, sind wieder Weihnachtsbäume da. Zuerst nur ein paar Zweige in einer alten Vase, dann ein kleiner Baum mit wackelnden Wachsstocklichtchen; andere folgen, jeder immer ein bißchen größer und schöner.

Nur der Strohstern aus dem Kiefernwald glänzt immer noch auf der Spitze.

Aber die Lichtchen sind nun weiß und duften wieder nach Wachs und spiegeln sich wider in den Glasscheiben eines Schrankes, auf dessen Fächern sich eine bunte Austernbank geliebter neuer Andenken ansammelt. – Perlmuttern wie Regenbogen steht der Stern im Wintergewölk über diesem Bäumchen, an dessen Zweigen in Silberdrahtringen drei klare, honiggoldene Bernsteintropfen funkeln. Als ich ihren Glanz sehe, der im Kerzenschein wie Wellchen zu zittern scheint, merke ich auf einmal, daß es dunkel wird und das Gleiten der vielen Füße neben mir, das Summen und Wispern verstummt ist.

Große weiße Flocken taumeln herab. Aber durch ihr immer dichteres Wirbeln sehe ich deutlich den wachsenden Schein des Lichtes und weiß, daß ich ihm nun ganz nahe bin.

Doch wenn ein leiser und merkwürdig milder Wind

diesen weißen Bienenschwarm zur Seite weht, scheint es nicht mehr der goldene Altar des Doms. Zwar sind es die hohen Tannen zu seiner Seite, aber so hoch waren sie noch nie. Und ihre weißen Kerzen formen Sternbilder, den Wagen, den Hirtenstab – und alles überstrahlt das goldene Licht, das aus dem Spalt einer Stalltür auf den weißen Weg, in den Schneesturm fällt.

Es war ein weiter Weg. Nun, so nahe dieser Tür, deren Glanz mich blendet, spüre ich, wie müde ich dabei geworden bin.

Gut, daß da gerade vor mir ein Meilenstein steht, auf dem ich mich noch vorm letzten Anstieg ein bißchen ausruhen kann. Ich wische den Schnee fort und lese in dem hellen Schein, was auf dem Stein steht: »Aufgaben«. Aber der milde Wind weht einen goldenen Spinnwebfaden von den hohen Tannen und legt ihn über die Schrift.

So kann ich mich getrost hinsetzen und noch ein Weilchen warten und die Glocken hören, die nun im Grund da unten zu läuten beginnen, und auf das leise Orgeln der Tannenwipfel und den fernen, immer näher kommenden Gesang junger Stimmen, die den Weihnachtsweg bergauf zu der goldenen Tür klingen.

DIE REITER IM SCHLOSS

Die alte niedersächsische Försterswitwe erzählt beim Adventslicht ihren Enkeln und schlesischen Flüchtlingsfreunden:

Das ist eine hübsche Sitte, so ein Adventslicht, und wir müssen Euch recht dankbar sein, Oma Hempel, daß Ihr uns dies gebracht habt – so eine dicke rote Wachskerze mit dem Tannenkränzchen, die brennt lange, und es wird einem richtig nach Weihnachten dabei, wenns auch kein Schneesturm ist, der draußen heult, nur Regen und Wind. Aber die Nüsse und die Roggenpfefferkuchen schmecken gut dabei, und die Spukgeschichten passen dazu – wenn die Jungen auch da drüben heimlich kichern oder den Kopf schütteln. Ich glaub alles, was die Oma da aus ihren Glatzer Bergen erzählt, und ich glaube auch, daß Ihr Vater, liebe Nachbarin, wirklich die Wilde Jagd vorbeibrausen hörte, als er damals in der Rominter Heide unter der alten Eiche übernachten mußte. Damit aber meine Enkel auch nicht denken, daß es so etwas bloß dort oben im Osten gab, will ich erzählen, was ich mal erlebte. Stell mein Spinnrad fort, Elschen, und rück die Fußbank näher. Die Adventskerze hält noch lange vor, und ihr könnt mit den Äpfeln anfangen, wenn es euch zu lang dauert. Aber erst laßt ein Tannenästchen am Licht anbrennen. Das gibt den richtigen Weihnachtsduft zu meiner Geschichte. Keinem hab ich davon erzählt. Bloß der Großvater wußte es.

Ich war die Älteste zu Hause und war gerade dreizehn geworden, als unser Vater durch einen schlimmen Unfall zu Tode kam. Ein Paar scheuende Pferde vor einem Lastwagen durchbrachen die Schranke und rissen ihn unter den

Zug, als er sich dagegenwarf. Wir Kinder konnten es garnicht fassen, denn erst vor ein paar Monaten hatten wir die Mutter verloren. Schon mit ihrem Tod schien alles Glück aus unserm kleinen Wärterhaus fort zu sein. Ich betreute die Geschwister und den Haushalt und die Ziege und das bißchen Land – aber die Verwandten schienen doch nicht zufrieden zu sein, als sie zu Vaters Begräbnis kamen und uns unter sich verteilten. Die Zwillinge nahm eine Familie in der kleinen Stadt in der Heide, der Bruder kam zu einem Oheim von Mutters Seite. Über mich ratschlagten sie eine ganze Weile, bis mich dann eine Base unseres Vaters mit sich nahm in ihr Dorf. Das lag weitab von unserm Heideort, nach dem Deister zu. Es war ein großes Dorf, und die Base nährte sich da ganz gut mit ihrer Stickerei, sie stickte im Taglohn die schönen Brusttücher, Kragen und Schürzen für die reichen Bauersfrauen und arbeitete die gefältelten seidenen Radmäntel für ihre kostbare Tracht.

Eine Weile gab sich die Base die größte Mühe, mich zur Hilfe anzulernen. Aber ich begriff noch gerade das Nähen auf der klapprigen Handmaschine, und allenfalls konnte ich zuletzt eine weiße Halskrause auffädeln oder langsam einen Saum sticheln. Von der Stickerei, von den alten Mustern, den Farben, den Stichen verstand ich nichts. Ich war verdummt vor Gram und Heimweh, vor Kummer, daß ich so still sitzen mußte, nie herauskam, nie in den Stall und Garten.

So waren wir alle beide recht froh, als eines Tages im Spätsommer ein Besuch auf den Hof kam. Eine entfernte Verwandte der Frau wars, eine stattliche, ältere Person, die schon viele Jahre oben am Wald bei einer Forstmeisterfamilie war. Sie sagte, sie suche grade eine Jungmagd, die ihre wär krank geworden. Und ob ich melken könnte? Ja, das konnte ich, und ich lebte ganz auf, als sie weiter fragte. Und eingesegnet war ich auch schon, gerade vor des Vaters

Tod. Sie meinte, ich sähe auch ganz kräftig aus – und so ging ich denn noch am nächsten Tag mit ihr mit. Ich sollte zu ihr „Muhme Engel-Sophie" sagen, das machte mir Mut, denn ich war doch ein bißchen ängstlich geworden, die Bäuerin und die Muhme hatten immer von einem „Schloß" geredet. Es war aber nichts Schloßähnliches an dem Gebäude, auf das der klappernde Bauernwagen zufuhr, der an der Bahn auf uns gewartet hatte. Der Weg ging steil bergauf, an Äckern und Wiesen vorbei und an den letzten Höfen des langen Dorfs, dann machte er noch eine Kehre, und schon im Wald, aber noch auf einer Lichtung, stand da ein grauer Klotz mit einer breiten Steinstufe vor der schweren Tür, auf der ein paar Jagdhunde lagen, die bellend aufsprangen. Die Fenster links von der Tür hatten weiße Gardinen – die zur Rechten keine oder buntgewebte. Aber die Fenster im oberen Stock unter dem tiefhängenden bemoosten Pfannendach waren alle mit Läden verschlossen.

Als ich mit der Muhme in den großen düstern Flur trat, schauderte es mich in seiner dumpfen Kühle, die großen Schränke, die Truhen, die Hirschgeweihe an den Wänden, alles erfüllte mich mit Furcht, auch die breite Treppe, die in das Dunkel des Oberstocks führte, und die großen Bilder an den Wänden schienen mir unheimlich. Aber dann kam aus der Tür zur Linken eine große blasse Dame im weiten schwarzen Kleid, und die Muhme sagte: „Das ist die gnädige Frau" – und antwortete für mich auf alle Fragen. Dann nahm sie mich in die Küche auf der andern Seite des Flurs, von der ein paar Stufen in das Zimmer der Muhme führten.

In der großen Küche an dem weißgescheuerten Tisch vorm Fenster saß ein Junge über seinem Heft und schrieb etwas aus einem Buch ab. Er war jünger als ich, nicht so lang aufgeschossen, aber recht stämmig. „Das ist der Wilhelm", sagte die Muhme wieder. Ich stand und hielt seine Hand, die er mir hinhielt, und dachte dabei an unsern Fritz, der auch solche breite, gute, braune Pfote hatte, und sah den Jungen an. Er hatte große hellblaue Augen und strohblondes Haar. Wir nickten uns zu, und dann ging ich zu der Muhme und packte mein Bündelchen aus – ich sollte auf dem Wachstuchsofa schlafen, das ihrem Bett gerade gegenüberstand, in der Kammer nach dem Wald zu schlief der Wilhelm, wie sie mir erklärte – und dann rief sie uns zu der Buttermilchsuppe. Wir aßen nach dem Gebet ganz schweigend, aber bei jedem Löffel sah mich der Wilhelm an und ich ihn, und zuletzt nickten wir uns wieder zu. Wir sprachen auch in den nächsten Tagen kaum was zusammen, aber er führte mich überall herum im Hof und in den Ställen, weil die Muhme es so befohlen hatte. Dort gefiel es mir überall gut, eine Kuh war da, eine schwarzbunte, wie ich sie mir immer gewünscht hatte, und zwei braune dicke Pferde, die der alte Knecht versorgte, der uns damit von der Bahn abgeholt hatte. Der Wilhelm merkte, wie mir das alles gefiel, selbst der kleine, recht kümmerliche Gemüsegarten. Aber ihm gefiel das nicht, wenn er auch mit mir ganz fleißig darin arbeitete und mir überall half. Als wir dann aber nachmittags in den Wald geschickt wurden, um Pilze zu sammeln und Himbeeren und später Holunderbeeren und Schlehen am Weg – da merkte ich, daß er da alles kannte, jeden Pilz und jeden Baum und jedes Getier, jeden Strauch und jeden Vogelruf, und mühte mich, alles von ihm zu lernen, weil ihn das freute.

Ich war nie zu Haus fürs Reden gewesen, und bei der Base im Dorf war ich verstummt und verdummt. Aber hier lebte ich auf, es war gerade, als wachte ich aus einem schlimmen Traum auf, und jeden Morgen beim Aufwachen war ich so froh und freute mich schon auf den Wald. Es war ein schöner, langer Herbst. Nie wieder hab ich solchen Herbst erlebt.

Die Frau sahen wir nur selten, sie war kränklich, lag meist auf dem Sofa, und nur an guten Tagen saß sie mal am Nähtisch im Sessel und stickte an einer großen Kaffeedecke oder häkelte an einer feinen Spitze. Der Forstmeister war das ganze Gegenteil, ein stattlicher, breiter Herr, immer laut und vergnügt, nur wenn er ins Haus kam, mühte er sich, leiser zu sein. Nie hörte ich ihn mit der Frau sprechen, und wenn die andern grünen Herren kamen, saß er mit ihnen in seiner Stube.

Mich gewahrte er erst nach einer Woche, und da rief er mich und fragte, ob ich mich auch mit dem Wilhelm gut vertrage. Und als ich Ja sagte und lachte – und der Wilhelm lachte auch –, da schien er zufrieden und strich mir über den Kopf. Er rief den Wilhelm oft zu sich, und einmal, als ich am Küchenfenster stand und gerade die Pilze schnitt und hinaussah, und die beiden standen draußen – der Forstmeister erklärte dem Wilhelm eben was an seinem Gewehr –, da fiel mirs auf, daß sich beide so von der Seite ganz glichen. Ich sagte das der Muhme, die mit dem Strickstrumpf neben mir saß. Sie sah über die Brille nach mir und meinte dann, in dieser Gegend sähen sich alle Leute ähnlich, und die Mutter des Wilhelm wäre eine Verwandte des Herrn gewesen. Als ich nach der fragte, meinte sie bloß, der Wilhelm wäre ein armes Waisenkind wie ich, und es wäre ein Glück für ihn, daß er hier sein könnte und daß die Herrschaften für ihn sorgten, und ich möchte mich beeilen, damit wir beide in den Wald kämen, sie brauchte noch Brombeeren. Die gabs nicht im Wald, nur an einem Hohlweg hinter der Schneise. Da war alles Buchenwald, und der war nun im Spätherbst noch viel schöner als vorher. Als wir dann die Eckern gesammelt hatten und im November das Reisig drankam, da kannte ich dort schon alles so gut wie der Wilhelm. Aber ich war auch im Haus fleißig und froh, daß die Muhme mit mir zufrieden war. Manchmal durfte ich ins Wohnzimmer zu der Frau. Die wollte mich zur Hilfe bei ihrer Decke haben, aber die Muhme erzählte, wie ungeschickt ich mich bei der Base angestellt hätte, ich wäre bloß für die Wirtschaft und könnte schon ganz gut melken und ginge bald so gern in den Wald wie der Wilhelm. Da sah die Frau mich so sonderbar an, und dann schickte sie mich hinaus. Von da an ließ sie mich nicht wieder rufen, und ich sah sie auch nicht, wenn wir reinmachten. Die Frau war sehr eigen, und immerzu wurde gebürstet und gebohnert, die Fenster geputzt, die Gardinen und vielen Deckchen gewaschen. Auch die grauen Fliesen im Flur wurden gebohnert und die Treppe – aber nur bis zum obersten Absatz. Und nur von der Muhme, die auch da oben den düsteren Flur fegte. Ich durfte nie mit hinauf.

Ich fragte den Wilhelm, ob er mal da oben gewesen. Aber er schüttelte ganz verwundert den Kopf. Er war ja erst seit Ostern hier, früher war er in einer kleinen Stadt in Westfalen bei Pflegeeltern gewesen. Von dort hatte der Forstmeister ihn geholt, weil er sein Patenkind war und später auf eine gute Schule sollte. Aber das alles sagte der Wilhelm so, daß ich nicht weiter fragen wollte, und nicht nach seiner Mutter, so gern ich das auch getan hätte. Denn ich dachte, dann könnte ich ihm von unsern Eltern erzählen und von den Zwillingen und dem Fritz und von unserer Ziege und dem Wärterhaus. Aber er fragte mich nie.

So kam der Dezember. Im Haus gab es jetzt viel zu tun. Der Wilhelm und ich durften der Muhme helfen, fühlten uns recht wichtig dabei und waren voller Erwartung, denn die Frau war jetzt auf einmal auch zu mir ganz freundlich, kam öfters in die Küche und sah uns zu. Sie war jetzt nicht mehr so blaß und still, sprach mit der Muhme und manchmal auch zu mir und mühte sich, mit dem Wilhelm nett zu sein. Aber ich fühlte – und er auch –, daß sie ihn nicht mochte.

In der Woche vor Weihnachten hieß es dann – als ich dachte, nun wäre alles so blitzblank wie noch nie –, daß ich mit der Muhme in den oberen Stock müßte und die „Herrenzimmer" herrichten. Wilhelm sollte dem Alten im Stall helfen, und die Frau setzte sich mit der Häkelarbeit in die Küche und wollte nach dem Essen sehen. Ich war recht neugierig, als ich hinter der Muhme die große Treppe mit Besen und Eimer raufging. Die Muhme stieß schon die Läden in dem Flurfenster auf, und das blasse Winterlicht sah auf die grauen Wände, auf die Rehgehörne und verstaubten Birkhähne und stockfleckigen Jagdbilder zwischen den hohen Schränken.

Die Muhme schloß mit dem großen Schlüssel die breite, braune Mitteltür auf. Wir standen in einem niedrigen, aber sehr großen Saal mit vielen Fenstern und schwerer Balkendecke. Fast durch den ganzen Raum ging der breite Eßtisch, um den zwölf hochlehnige, schwere Stühle standen und ein dreizehnter, besonders reichgeschnitzter Sessel an dem einen Ende. An der Mittelwand, bis zu den Türen zu den Seitenkammern, war eine sehr große Kredenz mit hohen Schranktüren und Aufsätzen. Neben ihr und an den Seitenwänden, auf der dunkelroten Tapete, hingen große Ölbilder von Herren in grünen und roten Jagdröcken mit und ohne Perücke, mit Hunden und ohne Hunde, alte und junge, mit Gewehr und Hirschfänger, auch einer mit einem Auerhahn, den er hochhob, und einer mit einem Falken auf der Faust. Und ein sehr stattlicher Herr, dessen Bild über dem großen Sessel hing, stand neben einem erlegten Keiler, die Saufeder in der Hand. Das Bild schien nicht so nachgedunkelt wie die andern, und ich stellte den Eimer hin und sah es an. Da wars, als ob die schwarzen Augen mich anblickten und sich drehten und dann nach wem anders sahen. Ich wandte mich auch dorthin und sah, daß ihm gegenüber, neben einem kleinen Eckspind, ein ebenso großes Bild hing. Das war aber kein Mann, sondern eine Frau, wenn sie auch einen Jägerhut auf den dunklen Locken trug und eine grüne, lange Samtjacke anhatte. Mir gefiel sie sehr, sie war rosig und weiß und lachte mit dem roten Mund.

Die Muhme fuhr mich an und dann fegten, schrubbten und bohnerten wir, bis uns trotz der eisigen Winterluft, die durch die weitoffenen Fenster wehte, der Schweiß von der Stirn lief. Die Muhme machte ein Feuer in dem großen Kachelofen – noch heute sehe ich die blauen Bilder vor mir, und auf der schwarzen Eisentür war der König David, der nach der Bathseba blickt, wie ihr die Magd die Füße wäscht.

Aber das mußte ich heimlich betrachten, wenn ich auf den Wilhelm wartete, daß er neue Scheiter brachte. Es dauerte lange, ich hörte, wie er die Hunde lockte, die ihm sonst immer folgten. Aber sie blieben draußen auf den Steinen vor der Tür und winselten.

Er wollte noch gern ein bißchen oben bleiben und auch die Bilder betrachten. Aber die Muhme schickte ihn gleich wieder in den Stall. Als es dämmerte, schloß sie die Fenster, und wir gingen todmüde hinunter. Am nächsten Morgen mußten wir aber wieder hinauf. Diesmal blieben die Fenster geschlossen, aber das Feuer im Ofen wurde wieder angemacht, und die Muhme legte immer nach, zwischen dem Tischdecken. Denn sie hatte die Kredenz aufgeschlossen, auch die Schränke in den Kammern, und holte ein riesengroßes Damasttuch heraus, in das eine Jagd eingewebt war, sehr große Mundtücher und schöne, alte Teller mit blauem und rotem Rand. Wir deckten die lange Tafel und stellten die Gläser hin, hohe, in deren Glas es wie Wasserperlchen glänzte und in die große Wappen eingraviert waren. Vor den hohen Sessel kam ein silberbeschlagenes Jagdhorn auf silbernem Fuß. Das mußte ich, wie die schweren, dreizinkigen Gabeln und die breiten Löffel, an einer kleinen Kredenz mit Holzasche und weichem Leder blank putzen.

Auch die Messingleuchter für die Spieltische mit den tiefen Rillen, die zwischen den Fenstern standen, und die geschnitzten Schachfiguren aus Elfenbein und Ebenholz auf den eingelegten Brettern in den kleinen Tischen der Fensternischen.

Dann rief die Muhme nach dem Wilhelm, und er kam schon mit einem Armvoll Edeltannen, Hülsen und Efeuranken, damit füllte die Muhme die großen Schalen, die mitten auf dem Tisch neben den großen Leuchtern standen, in die sie nun dicke, gelbe Wachskerzen steckte. Es sah alles so festlich und so weihnachtlich aus, daß wir Kinder vor Freude in die Hände klatschten. Da rief der Wilhelm, grad als ich der Muhme noch die letzten großen Aufgebelöffel zureichte, an denen ich mich recht geplagt hatte: „Muhmchen! Die Messer! Ihr habt ja die Messer vergessen! Und das Salz!" und lief nach der Kredenz, um die Schublade herauszuziehen, wo die spitzen Messer auf dem grünen Fries lagen. Aber die Muhme packte seine Hand, riß ihn fort, schob das Fach zu und schloß es ab, wobei sie ein Kreuz schlug, was mich verwunderte, ich hatte das noch nie gesehen. Wir beide wagten aber nicht, sie zu fragen, sondern gingen ganz still vor ihr treppab und in die Küche. Im Flur stand die Haustür auf, wir sahen den Jagdwagen mit dem jungen Jagdgehilfen draußen warten, und der alte Christian trug eben einen Koffer heraus, und holte noch allerlei Reisetaschen, kleine Päckchen und große Pakete.

Dann kam der Forstmeister mit seiner Frau, beide schon im Pelz. Die Muhme kam und rief uns heraus. Die Frau war sehr freundlich und sagte uns Lebewohl, sie führen zu ihren Verwandten in die Stadt zum Fest, unser Weihnachten würde die Muhme uns geben, und wir sollten hübsch brav sein. Der Forstmeister war so seltsam, daß wir beide, schon recht überrascht von dieser Abreise, erst „Fröhliche Weihnachten!" wünschten, als ers zu uns gesagt hatte. Aber er murmelte bloß und schlug den Pelzkragen hoch, als er sich nun neben seine Frau setzte. Nur der junge Jagdgehilfe nickte uns noch freundlich zu.

Wir waren zu verdutzt, um zu fragen. Auch gab es das damals nicht für Kinder. Nur waren wir verwundert, daß auch die beiden großen Jagdhunde fort waren, wir hatten deutlich gesehen, daß sie unter der Pelzdecke lagen. Im Haus blieben nur der kleine rote Teckel und das graue Kätzchen, deren Mutter ihn aufgesäugt hatte, als er viel zu klein aus dem Dorf gebracht wurde und vor Hunger und Verlassenheit immer matter gewimmert hatte.

Das war am Tag vor dem Heiligen Abend. Der Wilhelm und ich saßen noch bei unserer Abendsuppe, als die Muhme uns mitteilte, daß sie und der alte Christian morgen ins Dorf gehen würden, um dort den Abendgottesdienst mit ihren Verwandten mitzumachen. Erst am Feiertag vormittag würden sie wiederkommen, und dann würde die Muhme uns bescheren und die schönen Geschenke geben. Wir wären ja große Kinder, denen man das Haus und den Stall schon anvertrauen könnte, zumal sie und der Christian alles noch so gut, wie es bloß ginge, besorgen würden. Sie stand neben uns, die Hände unter der blauen Schürze, sah uns nicht an und sagte das alles stockend und doch wie was Eingelerntes her. Wir legten unsere Löffel hin und gingen still schlafen. Ich in der warmen Stube der Muhme, wo der Ofen glühte, und der Wilhelm in seiner kalten Kammer. Aber er war stolz auf diesen eigenen Raum.

Am Morgen darauf ließ uns die Muhme noch Holz und Torf anschleppen, daß wir für alle Feiertage reichlich zum Brennen hatten. Ein Topf mit Erbssuppe wurde schon angekocht, und sie stellte uns noch eine große blaue Schüssel mit Äpfeln und Nüssen hin, neben dem Brot und Speck, und auch braunen Kuchen. Sie war auf ihre Art ganz freundlich, aber von einer sonderbaren Unruhe gepackt. Immer wieder sah sie nach der Wanduhr oder durch die kleine Fensterklappe nach dem Wetter. In den Gleisen des hartgefrorenen grauen Abfahrtsweges glitzerte das Eis. Es war sehr kalt geworden, aber noch fiel kein Schnee.

Gleich nach dem Mittagessen kam der alte Christian, dick verpackt, um die Muhme zu holen. Es dauerte aber bis zur Dämmerung, bis sie mit ihrem Feststaat fertig war und wir sie bewundern konnten, wie sie da vor uns stand im schwarzseidnen, lilageblümten Radmantel, den Kopf ganz steif hochgereckt über der Silberschnalle des Bernsteinhalsbands und die Backen so rot wie der rote weite Tuchrock mit dem bunten Samtsaum unter der gestickten Schürze. Sie funkelte selbst wie die runde goldene Schnalle an ihrem Brusttuch. Wir Kinder vergaßen unser Bangen vor Bewunderung, aber sie drängte den Alten zum Gehen und drehte sich nicht nach uns um, wie wir da auf der Steinschwelle standen und ihr nachsahen. Nur ihre weiße Kragenkrause wehte im Wind, als sie mit dem Alten um die Kehre bog und hinter dem Gebüsch verschwand.

Aber kurz vorher blieb sie stehen, und es schien uns, als ob sie umkehren wollte. Doch der Alte zog sie weiter. Das fiel uns aber viel später ein.

Wir Kinder waren nun ganz allein in dem großen, stillen Haus. Das merkten wir erst, als alle Arbeit verrichtet war. Als wir die Stalltür zuzogen, wäre ich am liebsten bei der Schwarzbunten und bei den beiden Schafen geblieben. Auch der kleine Teckel und das Kätzchen folgten uns nur zögernd und sprangen eiligst in die Küche, als Wilhelm die Haustür schloß. Das ging schwer, denn mit der Dämmerung hatte der Wind zugenommen und trieb feine Schneekrümel bis in den Flur. Wilhelm schloß ab und legte den großen Schlüssel auf die Pelztruhe. Als ich ihn mahnte, den Schlüssel steckenzulassen und die Riegel vorzuschieben, sagte er nein, der Herr und die Muhme hätten es ihm ausdrücklich so befohlen. Aber die Küchentür schloß er ab und schob den Riegel vor, was die Muhme sonst nie getan hatte.

Der Wind draußen wurde immer stärker. Wir aßen eilig unsere Suppe, legten die großen Holzläden vor das Küchenfenster und das Fenster in dem Zimmer der Muhme, füllten den Kessel nach und gingen gleich schlafen, wie die Muhme es uns befohlen hatte. Draußen jagte der Sturm den Schnee gegen das Fenster, wir hörten das wiegende Rauschen der hohen Buchen und wie der Schnee in den Rauchfang stob.

Der kleine Teckel und das Kätzchen kamen mit uns in die Stube der Muhme, als ich den Teller mit den braunen Kuchen und die Schüssel mit den Nüssen hineintrug und Wilhelm die Stallaterne, bei deren Licht wir auch gegessen hatten, auf den Tisch stellte. Wir mochten aber nichts davon essen. Ich schloß die Tür zur Küche ab, deckte das Bett auf, sah, wie der Wilhelm in seine Kammer ging und der Teckel und das Kätzchen sich im Korbstuhl der Muhme auf ihrem bunten Kissen zusammenrollten.

Dann ging auch ich schlafen. Aber ich zog mich nicht richtig aus, es war, als ob ich auf etwas warten müßte. So lag ich wach und hörte, wie der Wilhelm hinter der halboffenen Tür sich in der Kammer vor Kälte hin und her warf. Da rief ich ihn, und er kam auch mit seinem blaugewürfelten Kissen und der groben Decke und legte sich recht dankbar auf das Wachstuchsofa. Ich war froh drüber und erzählte ihm von zu Hause, und wie wir immer das Bäumchen ansteckten, wenn der Eilzug durch war, und wie wir dann „Stille Nacht" sangen. Ich wollte nicht weinen, aber ich weinte doch. Der Wilhelm ließ mich in Ruhe, bloß einmal sagte er: „Du hattest es gut. Ich war bei Fremden . . ."
Aber dann merkte ich, daß er schlief, und da schlief ich auch ein.

Es mußte viel später sein als ich darüber aufwachte, daß etwas winselnd auf mein Deckbett sprang. Das war der

Teckel, und ihm nach sprang das Kätzchen und fuhr gleich unter die Federn. Ich fühlte, wie das kleine Katzenherz schlug und wie der Teckel Unterschlupf suchte. Zugleich aber merkte ich, daß der Wilhelm auf meinem Bettrand saß, und als ich nach seiner Hand griff, streifte ich seine rauhe Joppe und merkte, daß er ganz angezogen war. Ich konnte ihn aber nichts fragen. Denn über dem sausenden, heulenden Schneesturm hörte ich etwas anderes: den Lärm einer herangaloppierenden Reiterschar.

Nun waren sie an der Auffahrt. Wir hörten lautes Hundegebell und Peitschenknallen, Rufen, Befehle und Gelächter. Hufe trappelten und stampften auf den Steinen unter der noch dünnen Schneedecke – und aus dem Tal herauf, immer näher, kam das Geläut heller Schlittenglocken, von schmetterndem Jagdhornruf begrüßt. Roter Fackelschein geisterte durch die Ritzen der Läden und wanderte nach dem Stall zu, wir hörten das Wiehern der Pferde, hörten das Herabspringen der Reiter und wie das Haustor aufgestoßen wurde und schwere Stiefel den Schnee abstießen, hörten das Jaulen und Blaffen der Hunde und wie ein ganzer Schwarm lachender, rufender Männer über die Fliesen und dann treppauf stürmte. Dann fielen die Türflügel zu, gerade als der Sturm mit neuer Gewalt in den Schlot stieß. Aber das klang uns vertraut. Einen Augenblick wars oben still, aber dann begann in dem Saal über uns ein wildes Gelärm und Gepolter. Stühle wurden gerückt, es lief eilfertig hin und her, es klirrte und klapperte, es rief und befahl. Plötzlich hörten wir eine tiefe, dröhnende Stimme – schon einmal hatten wir sie gehört, als der Schlitten hielt –, die langsam Namen um Namen aufrief, Namen, die uns schon beim Hören wieder entglitten. Jedesmal rückte ein Stuhl und eine Männerstimme, eine alte oder eine junge, antwortete.

Zwölfmal fragte die tiefe Stimme. Elfmal antwortete es. Beim zwölftenmal blieb es eine Weile still. Aber dann antwortete eine helle Frauenstimme. Und gleich darauf kam lautes Gelächter und Zuruf, und ein Horn schmetterte wieder wie zum Willkomm.

Der Teckel und das Kätzchen hatten sich ganz fest unter der Decke verkrochen, und ich fühlte, wie sie zitterten, als der Lärm nun immer stärker wurde. Das schallende Gelächter da oben, das Hinundherlaufen der Diener, das Gläserklirren und Klappern der Teller war so laut, daß es den Sturm übertönte und oft so nahe klang, als ob es neben uns wäre. Manchmal, wenn der Sturm Atem holte, vernahmen wir ein feines anderes Geklirr. Viel später wußte ich, daß es das Klirren der Goldstücke in den bunten Tellern war. Denn nun saßen sie schon am Spieltisch.

Da glitt der Wilhelm leise vom Bettrand und zum Ofen. Nun schien auf einmal das milde Licht des Nachtlämpchens in die vertraute Stube. Ich wußte nicht, daß er das Schwimmerchen in der rosa Tasse angesteckt hatte, denn er hatte die Röhre zugemacht. Mir erschien das matte Licht wie ein rechter Trost. Ich sah das eingerahmte Vaterunser im Immortellenkranz über der Kommode und die rosenbemalte Uhr mit dem blitzenden Perpendikel und den blanken Gewichten. Und ich sah, wie Wilhelm ein Bündelchen unter seinem blaubunten Kissen vorzog und an den Tisch trat, den er dicht an mein Bett geschoben hatte. Er knotete das Tuch auf und nahm daraus eine kleine Holzkrippe, nicht größer als die Spanne seiner Hand. Das stellte er auf die weiße Serviette, welche die Muhme schon feiertäglich über die dunkle Decke gelegt hatte. Der Rand der blauen Schüssel stützte das schräggestellte Krippchen. Auf dem Heu lag darin ein winziges, blondlockiges Jesuskind aus Wachs, das erhob sein rosiges Händchen zum Segen, und im Schein des Nachtlämpchens hinter ihm glänzte der fadendünne Goldreif um sein kleines Haupt.

Ich hatte mich aufgerichtet und zugesehen, wie der Wilhelm das alles ruhig und andächtig aufbaute, und bewunderte es alles und wußte, noch ehe er es flüsternd sagte, daß das von seiner Mutter aus dem Münsterland wäre. Einen Augenblick lang vergaß ich den Sturm draußen und das Schlimme über uns.

Da aber setzte der Lärm oben noch viel schrecklicher ein als vorher. Mit dem wilden Toben der Trunkenen, mit Fluchen und Schreien, mit Stampfen und Toben. Und immer wieder dazwischen die tiefe, dröhnende Stimme.

Ich begann wieder zu weinen. Aber der Wilhelm legte den Arm um mich, er hatte sich in seine Decke gewickelt und saß neben mir und sagte: „Sieh auf das Krippchen! Sieh hin! Und nun sing mit mir – nein, nicht singen –, sprich mit mir: ‚Ihr Kinderlein, kommet‘!"

Das hatte ich von ihm gelernt beim Nüssereiben, und ich versuchte es auch mit zitternden Lippen. Aber es war, als ob der Lärm da oben die Worte aus meinem Gedächtnis riß, wie der Sturm, wenn man draußen reden will. Aber der Wilhelm half mir immer wieder ein. Er hatte mir das Deckbett bis an die Ohren gezogen und deutete immer nach dem Krippchen, bis ich mitten in dem Vers: „Hoch oben schwebt jubelnd der Engelein Chor" mit dem Kopf aufs Kissen fiel, und wie der goldene Heiligenschein breit und leuchtend vor meinen Augen verschwamm, ehe sie zufielen. Aber dann schreckte mich ein lautes, dröhnendes Gepolter oben noch einmal auf – der große Sessel mußte umgestürzt sein – und dann schrie, nein, brüllte die tiefe Stimme und etwas schlug hin, schwerer als der Sessel – und dann schrie die Frauenstimme, gellend und in Wimmern ersterbend – oder war das der Sturm draußen, der so ums Haus fuhr? Ich wußte es nicht mehr, der Schlaf überfiel mich. – –

Als ich erwachte, war es ganz hell. Wilhelm krampte grade die Fensterläden auf, er hatte schon seine grüne Sonntagsjacke an. „Steh auf, du Langschläfer!" sagte er.

„Sieh den Schnee!" Da lag er bläulich-weiß und weich wie Daunen ganz hoch auf dem Fensterbrett, als er die Friesdecke abhakte. Die Scheiben begannen eben zu befrieren, es war draußen ganz windstill, von den Ästen fielen große Schneeklumpen, und der Himmel stand rötlich-grau und still hinter den Bäumen.

Der Weg und die Auffahrt, die Holzhaufen und das Gatter, alles lag in tiefem Neuschnee. Und nur Wilhelms Spuren gingen nach dem Stall. Denn er war schon melken gewesen, und auf dem Küchentisch warteten unsere buntgeringelten Becher mit der warmen Milch, und unten das Schälchen Milch auf den Teckel und das Kätzchen. Und noch etwas wartete an meinem Platz neben dem braunen Kuchen und dem kleinen Tannenzweig, von dem der Schnee taute – das Krippchen mit dem kleinen Jesuskind. – –

Seht, die rote Kerze brennt immer noch, so still, als ob sie zuhört! Und ihr Alle müßt noch ein Weilchen Geduld haben, etwas will ich noch erzählen. –

So um die Mittagsstunde des ersten Feiertags kamen die beiden Alten, die Muhme und der Christian, wieder. Sehr langsam kamen sie an. Ich hatte die Erbssuppe auf dem Herd und schickte den Wilhelm vor, ihnen entgegen. Dann ging ich und wartete auf der Steinschwelle vor der Tür. Zuerst sah ich die hohe schwarze Haube der Muhme und dann den weißen Kragen, und unter dem halboffnen Radmantel leuchteten die bunte Schürze und der rote Rock, um dessen bunten Samtsaum der Schnee stob.

Sie hob den Kopf, als sie mich gewahrte und ich merkte, daß sie recht erleichtert war, uns zu sehen. Sogar über den Teckel und die Katze freute sie sich. Als sie die Haubenbänder aufknüpfte, fragte sie uns über die Schulter, ob wir gut geschlafen hätten. Wir sagten: „Ja, sehr gut."

Dann legte sie ihren Mantel fort, band die gestickte

Schürze ab und ihre blaue Arbeitsschürze um und ging nach oben, in den Saal. Sie kam aber rasch wieder herunter, ganz gelb im Gesicht und mußte sich gleich hinsetzen. Ich mußte ihr einen Kaffee brühen, – aber ihre Hand zitterte so, daß sie die Tasse kaum halten konnte. Ich sah, daß ihr alles über das gestickte Tuch lief, und als ich die Tasse nehmen wollte, merkte ich, daß ihr Mund ganz schiefgezogen war, wie bei einem vom Schlag Gerührten. Und so blieb er.

Sie hat dann den Christian rufen lassen, und die beiden gingen nach oben und kramten da rum. Wir hörten, wie sie die Stühle rückten und den großen Sessel aufhoben. Als sie herunterkamen, schickten sie uns bald zu Bett –, es war keine Rede mehr von einer Bescherung. Unsere Geschenke gab die Muhme uns – noch eingepackt – am nächsten Morgen, es waren nur nützliche Sachen, für den Wilhelm ein neuer Anzug, Socken und Hefte und für mich Waschstoff zum Kleid und Strickwolle – nichts, was uns freute. Aber ich hatte ja mein Krippchen.

Wir merkten, daß die beiden Alten bei einer Lampe aus dem Wohnzimmer bis tief in die Nacht aufsaßen. Aber es blieb ganz still. Auch alle andern Nächte. Selbst am Silvesterabend regte sich nichts im Saal.

Das war mein letzter Abend mit dem Wilhelm, denn an Neujahr kam der Forstmeister, um seine Möbel zu holen, seine Frau wäre kränker geworden und wollte nicht mehr zurück, und er hatte sich ihretwegen pensionieren lassen. Den Wilhelm nahm er mit, der sollte in der Stadt auf die Schule.

Ich blieb auch nicht mehr in dem alten Haus, die Muhme brachte mich bald zu ihren Verwandten auf den großen Hof, der gerade hinter der Kehre auf halber Höhe lag. Sie war jetzt immer ganz freundlich zu mir gewesen – aber mich bedrückte ihre veränderte Art. Sie hatte etwas Scheues und Verdüstertes bekommen. Später, als sie mir schon auf den Hof nachkam, wo sie eine Kammer nach dem Dorf zu bezog, stand sie oft mitten in der Arbeit still, als horchte sie auf etwas, oder sie nickte, wie zu Worten, die wir nicht hörten. Dann legte sie ihre Arbeit hin und ging hinaus, immer bis zu dem Schlehenbusch am Hügelrand über der Kehre und sah starr nach dem Forsthaus, das da oben mit den Läden vor den Fenstern tiefverschneit und still lag, und über das nur die Krähen flogen. Ich gewöhnte mich daran, wie alle auf dem Hof, dachte auch kaum darüber nach. Die Bäuerin brauchte mich immer. Sie war gelähmt, saß tagsüber im Lehnstuhl und hielt doch alles in Ordnung. Zu mir war sie nie streng. Sie hielt mich wie eine Verwandte, und bei ihr hab ich sogar gelernt, gut zu nähen und zu stricken. Sie war sehr fromm, und noch nie hatte ich solch schöne Osterzeit erlebt wie bei ihr, solch feierliche.

Es war wie in der Karwoche und schon Feierabend, ich las in einem Buch, das die Frau mir gegeben. Über Jerusalem wars – da hörte ich, wie die Muhme zu ihr ins Wohnzimmer kam und was fragte. Die Frau antwortete, so laut und hart, wie ich es nie von ihr gehört hatte: „Du hast Unrecht getan, Engel-Sophie. Du hättest die Kinder zu uns schicken sollen!" Dann sagte die Muhme nach einer Weile, und es klang wie im Trotz: „Sie waren doch so lange nicht mehr gekommen", – „Aber es war das siebente Jahr – und bei solchem Sturm kommen sie immer!", entgegnete die Frau.

Dann klangs, als ob wer weinte. Aber ich hatte die Muhme nie weinen gesehen. Und die Frau sagte – nun schon milder: – „Geht zum Pastor, Engel-Sophie!" Aber es kam keine Antwort. Nur die Tür klappte, und dann sah ich am Fenster, wie die Muhme schwerfällig den Feldweg bergauf ging. Ihr roter Rock leuchtete vor der grünen Saat. Es war ein früher Frühling, die Lerchen sangen, die Jungen trugen Holz zum

Osterfeuer, und der Schlehenstrauch an der Kehre schimmerte schon weiß.

Eine Stunde später, als ich die Frau im Lehnstuhl ans Fenster schob, damit sie die neue Mondsichel gewahren konnte, sahen wir über dem Waldrand – die Buchen waren schon ganz bräunlich und dicht – einen hellen Schein, der flackernd stieg und heller wurde, und dann kamen Rauchschwaden und Funken. Wir dachten, die Jungen hätten ein zu frühes Osterfeuer allzu nah am Wald angezündet. Aber da kamen schon Leute über die Wiese gelaufen, unsere dabei, und schrien „Feuer!", noch ehe im Dorf das Horn tutete, und sie riefen uns zu, daß das Jagdschloß brenne.

Es war da oben nicht Mensch noch Kreatur – den Teckel hatte der Wilhelm mitgenommen, das Kätzchen und die Schwarzbunte waren mit mir auf den Hof gekommen, und alles andere war mit dem Christian fortgezogen –, so ließen die Leute es ruhig brennen. Einige meinten, es hätten da Zigeuner genächtigt oder ein Stromer seine Pfeife vergessen – es hätte schon lange geschwelt. Sie standen und sahen zu, und immer neue liefen hin und manche ganz nahe heran. Wir sahen die rote Glut und den Rauch und hörten bis zu uns – wir hatten das Fenster auf – das Prasseln und das Heulen des Feuersturms und das Krachen, wenn die Balken fielen, und das Getöse, als das Dach einstürzte und die Menschen laut aufschrien.

Ich stand hinter dem Lehnstuhl und sah, wie die Frau die Hände faltete, und hörte, wie sie halblaut das Vaterunser betete. Ich wollte es auch. Aber es wurden nicht die Bitten, sondern das alte Weihnachtsliedchen: „Ihr Kinderlein". Ich sah nicht den roten Schein, der nun dunkler glühte und zusammensank – ich sah den kleinen goldnen Heiligenschein um das lockige Haupt des Jesuskindes im Krippchen und seine erhobene Segenshand.

„Nun haben die armen Seelen Ruhe gefunden", sagte

die Frau und wußte noch nicht, daß eine andere arme Seele dort oben Ruhe gefunden hatte. Ein paar Frauen hatten die Muhme noch am Schlehenbusch gesehen, sie hatte ganz teilnahmslos gehört, daß es da oben brenne. Aber die Jungen, die bis zu den Buchen standen, sagten, es hätte in der glühenden Küche sich bewegt wie ein Mensch – nun, wie es auch gewesen ist, es hat keiner mehr die Muhme gesehen seit jenem Osterabend, – – –

Ach, ihr dummen Kinder, starrt mich nicht so an! Knipst lieber das Licht an, denn nun ist die Kerze wirklich heruntergebrannt! Wo der Wilhelm blieb? Ja, wißt ihr denn nicht den Namen eures eignen Großvaters? Dann geht mal auf den Kirchhof und fegt den Schnee von seinem Stein, damit ihr euch erinnert! Und habt ihr das Krippchen vergessen, das ihr Weihnachten sehn durftet, wenn ihr recht artig wart? Dort steht es noch, in seinem alten Sekretär. Und wenn ihrs nun genug betrachtet habt, dann nehmt die Flasche und gießt mal einen Klaren ein für den Opa Hempel und die Oma – die haben am aufmerksamsten zugehört und haben den längsten Heimweg bei dem schlechten Wetter. Ihr Jungen braucht keinen, höchstens die Else und der Fritz, weil sie Hempels nach Haus bringen – und wer kann wissen, was ihnen heut abend auf dem Rückweg begegnen wird!

DAS BERNSTEINHERZ

Die Störmersche schritt den Schloßberg hinauf.

Sie war schon außer Atem, als sie in das kleine dunkle Tor auf halber Höhe bog. Der Weg von der Domgasse unten im Kneiphof und der steile Anstieg von der Schmiedegasse an hatten sie erschöpft, am meisten aber der Weg über die Brücke. Der Nordweststurm, der seit Tagen die Nebelwolken von Ostsee und Haff über das herbstliche Samland trieb, brauste über das graue Ordensschloß talab durch die engen Gassen Königsbergs und ließ die Obstkähne, die breiten Boote der Gemüsebauer auf dem Pregel schaukeln und warf die Stände der Fischfrauen durcheinander. Er stürzte sich auch hier, als sie aus dem Tor trat, ihr mit voller Wucht entgegen, wie er über die Giebel und Dächer und den kantigen Nordturm bergab raste.

Die Frau lehnte am Torpfeiler und rang nach Atem, während sie ihr graues Regentuch zurücksinken ließ und die kleine weiße Haube fester auf den blonden Scheitel drückte. Hier, an dieser Stelle, hatte früher ihr Johannes immer nicht weiter gekonnt und nach Luft gerungen. Dann war sie ungeduldig geworden mit seinem Leiden, seinen schweren Füßen, und hatte ein bißchen Mitleid mit sich selbst gespürt, weil sie, die stattliche junge Frau, solch früh alternden Mann haben mußte. Bis sie dann oben im Schloß, vor Herzog Albrecht und der fröhlichen jungen Herzogin Dorothee, die laut bewundernd vor dem Schmuck ihre schlanken Hände zusammenschlug, das alles vergaß über dem Stolz, solch berühmten Steinschneider zum Ehemann zu haben.

Ein stilles Lächeln machte das Gesicht der Störmerin, das

voll, aber jetzt gelblich vergrämt war, wieder ganz jung, und der Sturm, gegen den sie nun wieder anstrebte, gab ihr die frische Röte der Preußin zurück. Ihr weiter, pflaumenblauer Faltenrock flog rauschend wie ein Segel, es flog das schwere Regentuch und die lange weiße Schürze über der buntgestickten Tasche.

Es freute sie, so gegen den Herbststurm zu wandern wie als Kind. An dem hellsilbrigen Himmel sah sie, besser als daheim an der Werkstattuhr, daß sie noch ein wenig Zeit hatte. So schritt sie denn an der dunklen Toreinfahrt und den Wachen vorüber, als hätte sie im Schloß nichts zu suchen, und wanderte, vor dem Sturm von dem eckigen Haberturm gedeckt, dort oben langsam auf und ab. Lust überkam sie, weiter zu blicken. Sie raffte den Rock und sprang geschickt von Stein zu Stein über die wassergefüllten Gleise des glitschigen Fahrwegs auf den grasigen Schloßteichdamm. Der Sturm wehte die welken Blätter der Linden und Eschen des verlassenen Spittelgartens an der verfallenden Magdalenenkapelle vor ihre Füße. Ein paar schöne Fuchsfohlen schienen jetzt dort die einzigen Bewohner. Die Störmersche wurde traurig und blickte lieber über die schimmernde, silbern vom Wind gerauhte, weite Wasserfläche. Zwei wilde Entchen flogen eilig über sie hin. „Bringt Glück", murmelte sie. Gelblich weißer Schaum flockte bis an den kleinen Bootssteg, dürres Röhricht neigte sich raschelnd, es war alles wie am väterlichen Mühlenteich daheim, selbst das Sturmgebraus und das Rauschen der Katzbach, die von dem Wehr unter der kleinen Bohlenbrücke bergab durch die Schlucht unter der Vorburgsmauer zu den Ordensmühlen des Löbenichts stürzte. Das wilde Wehn fegte durch Tuch und Kleid, durch Haar und Haut und fegte auch Trübes und Schweres aus ihrer Seele. Sie atmete tief den frischen Dunggeruch der Felder, die samtbraun neben den leuchtenden Saatstreifen um den kleinen Pachthof am rechten Ufer lagen.

Das erinnerte sie an den Chrysoprasring, den sie mit den andern Sachen in der Tasche trug, um ihn dem Herzog zu bringen. Sie wollte gerade die Stufen der Böschung hinunterschreiten und raffte schon die Kleider, um nicht von dem kleinen Planwagen bespritzt zu werden, der da langsam heranknarrte, als unter der Leinwand eine Stimme rief, vertraut wie der Winterapfelduft, der ihr entgegenquoll: „Hei, Trinke! Wohen?"

Neben der rufenden Frau, die vor Tüchern und Pelzjacke sich kaum regen konnte, lachte das Stoppelbartgesicht des Mannes sie freundlich an. Der Bauer pfiff und die magern Pferdchen hielten unwillig, denn es ging steil bergab, und die groben, lehmstarrenden Räder quietschten erbärmlich. Die Störmersche trat so nah wie möglich an den Wagen und zeigte ein fröhliches Gesicht. Sie sah über den Damm den Ältesten der Elenden-Bruderschaft kommen, zusammen mit dem Schaffner des Artushofs und ihren beiden Knechten. Die beiden Herren taten, als hätten sie nie bei dem Meister Störmer Siegelringe bestellt oder bei der Störmerin Ketten für ihre Frauen gekauft. Sie traten auf das Brückchen und streuten der heransegelnden Schwänin und ihren grauen Jungen Stritzelbrocken zu, hörten aber ebenso wie die Knechte, was sie in dem Sturm von dem Gespräch der Frau mit ihren Verwandten erwischen konnten. „Wohin?" Die Störmersche sprach hochdeutsch, wie eine vom Hofgesinde. „Ins Schloß!"

„Du moßt woll ook enne Pienkoamer wie dine Prinzeß, wat, Muhmke?" fragte blinzelnd der Bauer. Die Frau schubste ihn in die Seite, aber der Schafspelz war zu dick, und er lachte bloß. Die Störmersche aber tat, als hätte sie nichts gehört, und sagte bloß, vor Eifer ins Platt fallend: „Red nich! Loat mi man leewer vabi, dat ös höchste Tid, de Herr Herzog wacht all op mi!" Sie merkte, wie der Aeldermann sich umdrehte, und fügte rasch hinzu: „Ich muß den

Ring mit dem neuen Stein abbringen und die Nesteln, die Seine Gnaden bei uns bestellt hat!"

Sie fühlte mehr, als daß sie es sah, wie nun auch der Schaffner im Schwänefüttern innehielt, und sprach hoch weiter: „Bloß gut, daß der Johannes nun wieder so in Ruhe arbeiten kann. Mit all der Unruhe von den Fremden kam er gar nicht mehr dazu. Wir nehmen jetzt auch keine mehr in Kost. Man mott siene Noahwersch ook wat to vadeene gäwe!"

„Es zieht hier sehr auf der Brück", sagte der dicke Schaffner, dessen Frau an Studenten vermietete. Aber der Aeldermann wollte gern mehr hören und lockte die Schwänin zurück.

Die Frau beugte sich unter dem Plan vor und fragte neugierig, als ihr Mann schon die Peitsche hob: „Wo ös dine Schwindlersche nu, Trinke? De Ohmke Bergau säggt joa, se vertelle oppem Marcht, de Diewel hefft er gehoalt!"

Die Störmersche strich über die wehende Schürze. „Was die nich wissen! Sie is zu ihren Verwandten gereist!" Ihre Stimme klang ganz ruhig, aber ihre Lider zwinkerten, wie sie starr gradeaus sah.

„Woll bi ehrem Herrn Herzog-Broder, noa Cleve?" sagte halblaut einer der Knechte, und der andere: „De sull joa schon so sehr niegierig ob er sen! De Clever kenne noch goar keene Hore – –"

Der Sturm trug die Worte und das breite Lachen bis an den Wagen. Die Peitsche knallte, die Pferdchen zogen an, die Räder ächzten und die Teerpaudel schwankte. Die Störmersche sprang zurück und dann wieder über den Weg. Die Begegnung mit den Verwandten hatte ihr gut getan, sie konnte noch sehen, daß die Herren ihr nachblickten, wie vom Sturm gedreht, als jetzt am Torweg ein alter Mann in der schwarz- und gelbbunt gestreiften Jacke der Hofdiener die Störmersche mit freundlichem Gruß empfing. Der eilig nachspringende Knecht des Schaffners stellte fest, daß er sie zwar in den hellen Schloßhof geleitete, aber nicht zur Peinkammer, sondern zu der Tür mit dem Hochmeisterwappen, die nach den Wohnräumen Herzog Albrechts führte.

Im Hof hörte man den Sturm nur oben um die Dächer toben. Er wehte das Vespergeläut des hohen Kirchturms hinab ins Pregeltal, über die Giebel der Kaufmannshäuser der Langgasse, nur hin und wieder schlug unvermittelt ein Glockenton an die eisenbeschlagene Tür, die sich schwer auftat.

Die Störmersche blickte noch einmal um sich. Es fiel ihr ein, wie sie hier an einem schönen Sommermorgen zuerst gestanden hatte, als sie der verstorbenen Herzogin allerlei Schmuck brachte, den ihr Johannes den neumodischen Formen, die er in Augsburg gesehen, sorgfältig nachgearbeitet hatte. Die Tauben, die jetzt verschüchtert auf den Holzgalerien des Archivflügels duckten, hatten als blitzende Schwärme in der strahlenden Bläue gekreist, der Brunnen an der Südmauer, den heut der Sturm übertönte, rann klingend in sein Sandsteinbecken, und aus dem Erkerfenster hingen die roten Gewürznäglein und weißen Röschen, die Frau Dorothee so liebte.

Die Störmerin seufzte tief und nicht bloß vom Ersteigen der steilen Eichentreppe. Sie faltete ihr Regentuch und reichte es dem Alten, der es in die große Truhe legte, während sie sich die Sohlen an der Schilfmatte rieb. Der Diener seufzte auch, es klang trübselig in dem hohen Treppenflur, dessen Stille nach dem Brausen draußen beklemmte. Dabei war deutlich ein schwerer, hastiger und ungleicher Schritt zu hören. „Die Frau Herzogin?" Der Alte nickte. „Das macht der Sturm. Ihre Durchlaucht sind dann immer besonders unruhig."

Der Schritt wanderte weiter, nun ging oben die Tür, eine Frauenstimme flüsterte beschwichtigend in das wilde Reden einer anderen, heiseren und jäh anschwellenden Stimme, die vor sich hinredete wie in bösem Traum und dann plötzlich laut aufkreischte. Weite Röcke rauschten, und über das Geländer der gewundenen Eichentreppe neigte sich ein Gesicht, – das ehemals ländlich frische, nun von den stockenden Säften ihres kranken Blutes bläulich gedunsene Antlitz der Herzogin Anna Maria von Braunschweig, Herzog Albrechts zweiter Gattin. Mit wirrem Haar, unordentlich mit Schmuck behangen, starrte sie mit dem leeren Blick, den sie seit der schweren Geburt ihres Sohnes behalten, grell nach unten, aber ohne über den Wahnbildern ihres zerstörten Geistes die beiden da unten im Flur zu gewahren. Nun tauchte neben ihr die weiße Haube und das von Wachen und Übermüdung wachsbleiche, niedersächsisch-schmale Gesicht ihrer alten Hofdame auf. Sie zog die Kranke sanft vom Geländer fort, deutete nach der Tür, und ihrem halblauten, ruhigen Zureden gelang es, die Kranke, die zwischen dem raschen Hinschwatzen noch immerfort jäh aufschrie, wieder ins Zimmer zu ziehen. Die beiden Gesichter verschwanden, die Tür fiel zu. Es war auf einmal sehr still, trotz des Sturmes draußen, nur das ruhelose Schreiten begann oben von neuem, als die Störmersche mit gesenktem Kopf und verstört wie von einem Spuk dem Alten durch das schmale Vorzimmer in die nächste Stube folgte.

Es war warm darin, und hier waren die Schritte der kranken jungen Herzogin nicht zu hören, wohl aber hinter der eingelegten Tür, die zu Herzog Albrechts Gemach führte, das sachte Gemurmel einer Männerstimme, in der die Störmersche unschwer die Fistel des Hofpredigers Funk erkannte. Das konnte lange dauern. Der zeigte dem Herzog gewiß einen kostbaren Bibeldruck für einen neuen Silbereinband oder machte ihm den Kopf heiß mit einer herausgeklaubten Katechismusformel, um deren Vieldeutigkeit sich der alte Herr in Wittenberg nie gegrämt hatte.

Die Störmersche seufzte, aber diesmal vor Ungeduld. Sie griff nach einem kleinen Schachbrett. Es stand immer noch auf dem schwarzen spanischen Spind. Sie breitete ein grünes Friesdeckchen drauf, das sie aus der bunten Tasche zog, holte das rote Saffianbeutelchen vor, knüpfte es auf und breitete die Arbeiten ihres Johannes auf dem grünen Tuch aus. Nur unter den Ring mit dem Chrysopras tat sie ein Stückchen Pergament, damit das reine Grün des Wappensteins besser zur Geltung käme, auch unter den Anhänger mit dem hellroten Karneol. Freude erfüllte ihr Herz dabei, es schien ihr, als ob Alter und Krankheit der Kunst ihres Mannes nichts anhaben könnten, ja, als ob sie im Gegenteil immer vollkommener würde, so wie sein Gemüt sich zu einer diamantenen Klarheit läuterte, der keine Prüfung was anhaben konnte.

Sie stellte das Brettchen mit den funkelnden Kostbarkeiten auf die große Truhe an der Wand, auf das schwarzgoldgestreifte, gepreßte Leder, das sich um den Eichenleib spannte. Alle Stücke aus dem Brautschatz der seligen Herzogin Dorothee waren außen und innen von erlesener Schönheit gewesen. Die Störmersche sah durch den Truhendeckel wieder die schimmernde holsteinische Leinwand vor sich, die vor ihr und der jungen Frau des Magisters Sabinus ausgebreitet wurde. Da waren seidenglatte Bettlaken, köstlich gebleicht vom Wasser der sanften Seen in den Buchenwäldern, von denen die junge Herzogin dabei erzählte. Lange schmale Tischtücher, gestickt und mit Durchbruchsäumen geziert, zeigten breite Einsätze von sächsischen Klöppelspitzen. Aber das Schönste waren die Handtücher! Man vergaß, sich die Hände zu trocknen, so vertieft betrachtete man neben dem kupfernen Waschbecken die perlfeinen Kreuzstichmuster, die springenden Hirsche, die Vasen und Vögel, alle immer paarweise wie Braut und Bräutigam unter dem Baum, aus dessen Zweigen das Herz mit dem D und A leuchtete. Auf der Spitze des Baumes aber saß ein Vogel, so wie draußen die Taube auf dem Fenstersims, als die Störmersche auf dieser Truhe, auf eben solch grünem Tuch, die Ketten und Spangen, die Ohrgehänge und den Siegelring ausbreitete – die Willkommsgabe Herzog Albrechts für seine junge Frau. Durch die weitoffenen Fenster trug der heuduftende Wind das Rucken und Gurren der Tauben. „Hör! Sie rufen: Truutste Fru!" hatte der Herzog leise gesagt, als er den Ring mit dem Topas – es war das erstemal, daß Johannes den kleinen Heidengott mit dem Bogen geschnitten hatte – auf Frau Dorotheens weißen Finger streifte, –

Die Störmerin bückte sich zur Seite, damit ihre Tränen nicht auf den Schmuck fielen. Sie konnte es aber nicht hindern, daß sie über den weißen Brustlatz und die Samtborte des Leibchens rieselten. Sie wischte eilig erst mit dem Handrücken und dann mit dem Schürzenzipfel, aber so sehr sie auch auf diesen hauchte, es war doch noch zu sehen, daß sie geweint hatte, als der alte Diener vorsichtig hereinkam. Er tat, als merkte er's nicht, sondern käme bloß, um ihr durch die Winterraute, die er leise aufkrampte, den kleinen Herzog zu zeigen, der eben mit seinem Erzieher über den Hof ging. Er trug noch weite Mädchenröckchen, aber schon eine flache, rotsamtene Knabenmütze. Der Sturm fegte das seidenfeine Haar aus der hochgebuckelten Stirn des gesenkten Kinderhauptes. Als spürte er den guten Blick dort oben, hob er es einmal, und die dunklen Augen in dem blassen Gesichtchen blickten voll zu der Störmerschen empor. Aber das feine Mündchen gab ihr Lächeln nicht zurück. Langgezogen und ernsthaft, mit den jetzt schon dunklen, runden Brauen, erinnerte sein Antlitz nur an Herzog Albrechts strenges Altersgesicht, in nichts an die derbe Schönheit der Mutter. Er ging tapfer gegen den Sturm an und zog sein kurzes grünes Mäntelchen sorgsam um den kleinen braunen Wachtelhund in seinem Arm. Es tröstete die Störmersche, daß hinter dem schwarzen Schatten des jungen Magisters, der ebenso klein und verloren wie das Kind über den weiten Platz wanderte, die alte Kammermagd der Herzogin ging. Wenn auch nicht wie sonst in dem mohnroten Rock und blumenbunten Brusttuch ihrer Heimat, sondern in der düsteren, schwarz und blauen Trauertracht, die sie um irgendeinen Verwandten des Braunschweiger Hauses trug.

Nun bogen die drei im Schutz der Nordmauer in die schöne Spitzbogenpforte der alten Firmarie, wo der Magister wohnte. Darunter lagen die Keller, es lag da die Peinkammer. Die Störmersche zuckte zusammen und sah versunken auf die Raute, die der Alte leise schloß. Purpurnes Leuchten flutete ihr daraus entgegen; aber kein Blut, sondern die warme Glut des Mantels, der den Heiland umflatterte, wie er sich vom Kreuz mit weitoffenen Armen zu dem dürstenden Menschen neigte, der sich ihm entgegenreckte. Es mochte ein großer Heiliger sein – welcher nur? Ja, das entfiel einem so sachte. Die Störmersche sah nur die flehend gereckten Hände, den verschmachteten Mund, die Sehnsucht der gottverlangenden Kreatur und die erbarmende Gnade.

Sie wandte sich ab. Wenn auch ihre Tränen erneut flossen, so war's doch nun aus Dank über die Tröstung, die sie heiß durchrann. Der Alte blickte fort, sein Schlüsselbund klirrte leise, und sie hörte das altvertraute Knarren des spanischen Schranks, dessen Türen er weit öffnete. Er stand still daneben, nur hin und her auf ein neues Stück weisend, als sie die Schätze darin betrachtete. Im obersten Fach standen die Buchsschnitzereien. Wie schirmende Ritter bewachte der ganze Olymp nebst mehreren Lukrezien und Faunen den großen schwarzen Medaillenkasten. Den kannte sie ganz genau. Auch die Figürchen mochte sie nicht lange betrachten.

Sie hatte in den engen Kneiphofgassen und am Hafen, hatte auf weiten Messereisen und in wirren Kriegszeiten soviel sehen müssen, daß sie es nicht verstand, wie die blühende Nacktheit des menschlichen Leibes als verführerisch oder gar als ein würdiger Gegenstand zur Gestaltung gelten konnte. Längst war er für sie wieder wie für Kinder, nur dazu da, nackt mit Birkenrute und schäumendem Badzuber bearbeitet zu werden oder ihn wohlig zu recken, wenn man nach zerplagtem Tag unterm warmen Deckbett in den Mutterschoßfrieden des Schlafes sank.

Sie bedauerte im stillen die Nürnberger Meister, die ihre große Kunst um des lieben Brotes willen an solche Aufgaben verschwenden mußten und dachte, daß es doch schöner gewesen war, als man noch in die zarten Marien der Krippchen oder in die Heiligen und Propheten seine Andacht legen konnte. Mit einem Aufatmen der Erleichterung gewahrte sie im untersten Fach den herrlichen, altarähnlichen Kelch, den Meister Stenzel aus einem einzigen Bernsteinblock geschnitten. Sie hatte ihn seinerzeit in der Werkstatt des befreundeten Zunftgenossen entstehen sehen, es heiterte sie auf, ihm hier, am Ehrenplatz, wieder zu begegnen.

Unbekannt aber war ihr das danebenstehende Laternchen aus Bernstein. Sie nahm es vorsichtig in die Hand, nicht ohne einen betrübten Blick auf das Köfferchen an seiner andern Seite zu werfen. Das Sichelschloß war achtlos aufgerissen, eine ungeschickte Hand hatte die Riechfläschchen aus Bernstein gewaltsam öffnen wollen, die Stöpsel verworfen und den gedrechselten Hals des einen angeschlagen. Noch entsann sich die Störmersche, wie es rosensüß daraus geduftet hatte, wenn Frau Dorothee es vorsichtig einmal als holden Lohn aufkorkte. Sie seufzte, und auch der Alte nickte traurig und zeigte ihr gleich, wie leuchtend selbst das trübe Licht dieses Abends durch die goldene Helle des Bernsteinlaternchens leuchtete, dessen klare Platten von schmalen

Elfenbeinrippen getragen und von winzigen Engelsköpfchen gekrönt waren.

Heiß vor Entzücken sah sie auf das schöne Werk, als ihr Herz einen jähen Schlag tat. Die Tür neben ihr ging auf, der Brokatvorhang dahinter rauschte, und die Stimme des Herzogs – eine dunkle Stimme, die noch jetzt im Alter den vollen Klang des Fränkischen bewahrte – fragte freundlich: „Was dünkt Euch von meinem neuesten Stück, Störmerin?"

Sie faßte sich schnell, reichte das Laternchen dem Alten, daß er es zurückstellte und antwortete, während sie sich mit Anstand neigte: „Daß es ein besonders schönes für Euer Durchlaucht Sammlung ist. Schade, daß wir es nicht mehr erblicken können, wenn es am allerschönsten sein wird!"

Der Herzog, der sie von der Schwelle aus betrachtete, schien guter Laune über ihre Antwort. Er lächelte, was jetzt nicht oft vorkam. Daß jemand für das Schoßkind seiner Sammlungen, die Bernsteinsachen, rechtes Verständnis zeigte, begegnete ihm selten genug. Er winkte dem Alten den Spind zu schließen und der Frau, die das Schachbrettchen vorsichtig von der Truhe hob, ihm zu folgen. Sein Zimmer war nicht viel größer als die Vorstube, aber die Tür zu dem nächsten, dem Eckzimmer, dessen Fenster schon nach dem Markt unten ging, stand weit auf. In dem Schein des Kaminfeuers, das dort durch die sinkende Dämmerung geisterte, sah die Störmersche den Hofprediger Funk, wie er dem langen Pagen ein dickes Buch nach dem andern auf die Arme legte. Dann wandelte er, sich würdig vor dem Herzog neigend, mit dem Junker davon.

Als sich die Tür hinter ihnen schloß und auch die Tür zum Vorsaal klappte, fragte der Herzog, der jetzt selber die eingelegten Türen des großen Wandschranks öffnete, mit der jähen Vertraulichkeit sehr einsamer Menschen – denn er hatte den geraden Blick der Störmerschen an dem hohlwangigen Eiferergesicht hängen sehen –: „Und was dünkt Euch von unserm Hofprediger?" Sie hatte sich schon ganz in der Gewalt und antwortete beinah heiter: „Daß es die höchste Zeit ist für Ehrn Funk, einmal zum Balbier zu gehn!"

Der Page, der, noch keuchend von der Bücherlast, eben wieder seinen Platz an der Tür des Eckzimmers bezog, zuckte mit dem weichen Jungensmund.

Der Herzog winkte die Frau heran. Sie hielt immer noch das Brettchen mit dem Schmuck, stellte es aber auf ein Tischchen neben dem Sessel, als der Herzog „nachher" sagte und ein schlankes Zinnlämpchen nahm, dessen Licht schon gegen die Dämmerung der Ofenecke kämpfte. Er ließ den zarten Schein über die kostbaren Bernsteinwerke gleiten, die wie aus dunklen Meereswogen aus dem Schwarzblau der Schranktiefe tauchten: kleine zackige Altäre, breite Schubfachtruhen für Schmuck, der heilige Christoffer aus dunklem und St. Katharina aus weißlichem Bernstein, Schatullen, deren Steine noch wie frischfließendes Harz in dicken Buckeln vorquollen, Petschafte, aus denen es wie Flammen züngelte, geschliffene Siegelsteine, flache Schälchen, aus einem klaren Stein geschnitten oder wie ein Schachbrett aus lichten und dunklen zusammengefügt. Auf richtigen Schachbrettern aus Ebenholz und Elfenbein ritten Pferdeköpfe aus braunem Bernstein gegen knochenhelle Türme an. In der Mitte trug ein gedrechselter Kelchfuß, goldener als Gold, eine durchsichtige Schale aus Horn, zart wie eine Wasserblase. Aufgehäuft lagen da Ketten wie aus Honigtropfen, ganz helle, die wie Kristall funkelten, neben andern mit eigroßen, wie alter Tokaier glühenden Perlen. Neue Stücke, angeschliffen und weizengelb wie frisches Brot, lagen neben uralten Klumpen, seltsam gestaltet wie die Köpfe verschollener Tiere, mit der rauhen Schuppenhaut bösen Gewürms. Aus gelben Schlangenaugen blinzelten sie nach rindigen Stücken, scharf wie Lanzenspitzen, aus deren

Splittern es weiß wie nackter Knochen sah. Sonne schien aus langen Tropfen zu leuchten, die des Drechslers Hand, ihrer gewundenen Form liebevoll nachgehend, klar abgeschliffen hatte. Da lagen glatte Anhänger, aus deren Bildung der Schleifer sonderbare Gestalten, die angedeutet darin schliefen, sorgsam hervorgeholt hatte und andere, in deren Klarheit es wie Gewölk schwebte, das sich zu Wappentieren gestalten wollte.

Der Herzog stellte das Lämpchen auf das weit vorspringende Schrankgesims. In unirdischer Klarheit und Glut, und doch sanft und stet, leuchtete es durchs Zimmer bis zu seinem Armstuhl neben dem blaubunten Ofenturm, auf dessen kissenbelegter Bank er der Störmerschen einen Platz anwies.

Sie verneigte sich nicht ohne Würde, setzte sich dann behaglich zurecht und drückte sich wohlig an die warmen Kacheln, obgleich es sich nicht gut saß vor den Bogennischen mit den vielgestaltigen Darstellungen der Leidensgeschichte. Der Herzog fand währenddessen Zeit, mit seinen scharfen Augen den neuen Schmuck auf dem grünen Deckchen zu betrachten, er nickte zufrieden und streifte den Ring mit dem Chrysopras an seinen Mittelfinger.

„Euer Mann versteht seine Arbeit", sagte er nur, aber der Frau war's genug. Sie atmete tief, schob sich ein Kissen in den Rücken und blickte stumm, mit zusammengelegten Händen, nach dem Bernsteingerät. So saßen sie beide eine Weile still, dann zog der Herzog ein Schubfach auf und reichte ihr einzelne Stücke hin, die er erst vor das in der sinkenden Dunkelheit nun heller leuchtende Flämmchen hielt, das der Page, der selber von der Pracht heiß entzückt war, die da auch vor seinen Augen strahlte, sorglich auf das Tischchen gestellt hatte und neben dem er noch eine hohe, spitzgedrehte Wachskerze entzündete.

Die Störmersche nahm die Stücke ehrfürchtig in die Hand

und sah gegen das Licht die gefangenen Insekten in dem erstarrten Harz noch einmal ihren Totenreigen tanzen. Zarte Flügel schimmerten durchsichtig, Beine, feiner als Gräser, hoben sich gespenstisch, winzige Häupter lehnten sich sterbend an dunkle Rindensplitter.

„Solche Einschlüsse wie diese, gibt's nie mehr!" sagte sie ganz überwältigt und drehte das letzte Stück hin und her, das in seiner gläsernen Klarheit einen winzigen Thujazweig barg. Der Page reckte den schlanken Hals und bog seine langen Beine, um auch etwas von dem seltenen Anblick zu erhaschen. Nun konnte er seine junge Begeisterung nicht mehr stumm ertragen. Er brach los: „Und das haben bloß wir!"

Der Herzog vergaß, ihn für diesmal zu rügen. Er nickte freundlich, ein schöner Schein, der Welkheit und Alter fortwischte, ging über sein langes Gesicht, seine Augen, selbst leuchtend, sahen in den leuchtenden Bernstein: „Ja – und wir sollten es stets bedenken: wenn Gott unserm Land so einmalige Gnade erwiesen, daß wir uns dessen auch wert erzeigen!"

Er stand schwerfällig auf und blickte, an die Schranktür gelehnt, auf seine Schätze: „Christen und Heiden verzehren sich danach, bis von der Welt Enden senden sie darum. Es stillt das Blut, es heilt den Krampf, sein Rauch vertreibt die Pest und duftet Gott angenehm –" Er versank in Sinnen und sprach dann wie ein Gebet weiter: „Wir graben danach und keschern es, unerschöpflich gibt es die See heraus, schenkt es der Sand. Noch der Acker gebiert es mit seinen Steinen. Ein Wunder ist es, nur diesem Land gegeben, um das so viele Wölfe kreisen – soll Gott da nicht große Dinge mit uns vorhaben?"

Seine Stimme wurde sehr leise, er stand reglos vor dem schwarzen Schrein, sein Schatten fiel riesengroß über den Schatz darin und über die bläuliche Wand bis hoch an die getäfelte Decke. Es war ganz still im Zimmer, nur der Sturm rüttelte am Fenster, dumpf brausend wie Brandung.

Herzog Albrecht sah um sich wie ein Erwachender. Er schloß vorsichtig die schweren Türen. Dann wandte er sich zu dem Pagen: „Kramp die Läden zu!" befahl er. „Und schick den Jonas in die Küche – er soll Warmbier heraufbringen."

Er schob sorgsam das Fach mit den Einschlüssen zu und horchte, wie der rasche Schritt des Junkers verhallte. Dann sagte er zu der Frau: „Es ist mir gestern ein seltenes Stück angeboten. Ich will's Euch zeigen, Störmerin, Ihr sollt mir sagen, ob's zu erstehn lohnt!"

Aus der Schublade des Tischchens nahm er eine kleine Schachtel, eine armselige, rotbemalte Spanschachtel. Ehe er sie öffnete, setzte er sich tief in seinen Sessel und schob einen Lichtschirm aus dunklem Leder zwischen sich und das Licht, so daß der Schein von Kerze und Lämpchen voll auf die Störmersche fiel, die auf der Ofenbank näher rückte und das Stück, das er ihr reichte, gleich vor die Kerze hielt.

Im Schatten verborgen sah er, wie ihr Gesicht, das von der Ofenwärme und der Freude an seiner Sammlung lebhaft gerötet war, erst dunkelrot und dann schneeweiß wurde. Ihre Hand sank in den Schoß. Sie atmete zitternd, aber ihr Blick sah fest auf das kantige Herz aus klarem Bernstein, in dessen Schliff sich das Licht brach. Die kleine goldene Öse des Anhängers blinkte hell und gerade unter ihr reckte sich das runde Haupt eines winzigen Kaulquäppchens empor, das seinen klaren Schwanz wie eine schimmernde Schleppe durch die goldene Harzflut zog.

„Ein ganz seltenes Stück. Es gibt kein zweites davon", sagte der Herzog.

„Nein! Solch eine Fälschung gibt's nicht wieder!"

„Fälschung?!" Nun rückte auch der Herzog näher zum

Licht. Eifrig blickte er auf den Stein. „Woran wollt Ihr das erkennen?"

Die Störmersche sagte tonlos: „Weil ich's kenne – mein Johannes hat's gemacht!"

„Frau! Bedenkt, was Ihr sagt!"

Aber die war nicht eingeschüchtert. Sie sprang auf und stand kerzengerade vor dem Herzog. „Fürstliche Durchlaucht! Um Christi Blut – woher habt Ihr das?"

Der eben noch aufsteigende Zorn des Herzogs war jäh verflogen. Mit stillem Mitleid blickte er auf die vor Erregung an allen Gliedern bebende Frau und sagte sehr leise und deutlich: „Solltet Ihr's nicht wissen?" Er drückte die Zitternde wieder auf ihren Platz. „Nun – von wem?" Trotz aller Güte fragte er so eindringlich wie ein Richter. Ihre Zähne schlugen vor Aufregung, als sie antwortete: „Von der Fremden, die bei mir wohnte. Von der Betrügerin Amalie, die sich Herzogin zu Cleve nannte – und deren letzter Betrug es wohl gewesen, Euch dieses zu verkaufen!" Sie schlug die Hände vors Gesicht und weinte herzbrechend.

Der Brokatvorhang rauschte, die Flämmchen flatterten, der alte Diener stand mit der Warmbierkanne vor ihnen, und der Page, der die Zinnbecher auf den Tisch stellte, sah verwundert und mitleidig auf die Schluchzende. „Das Feuer im Kamin geht aus. Schür's und schütte nach!" mahnte der Herzog. „Und dann lauf rüber ins Archiv, der Schreiber soll dir die Akten geben – alle. Er weiß schon, welche!"

Der Schürhaken rasselte nebenan, der Sturm stürzte sich heulend in die Glut, es prasselte und knisterte und duftete bis in die Ofenecke streng und gut nach Heidetorf und harzigem Sprockholz. Der Alte schenkte das Warmbier ein und der würzige Dampf mischte sich mit dem andern Duft, es war heimelig und beinah schon weihnachtlich. Die Störmersche schluchzte noch, aber sie versuchte zu nicken und zu lächeln als der Diener Jonas und der schlanke Junker hinausglitten. Der Alte blieb aber nahe der Tür. Doch er lauschte nicht, sondern ging bloß kopfschüttelnd im Vorzimmer auf und ab.

Der Herzog trank in kleinen Schlucken sein Warmbier, ermunterte die Frau, auch zu trinken, und sah zufrieden, wie ihr Gesicht und ihre Hände ruhiger wurden. Er schenkte ihr selbst noch einmal ein und sagte freundlich: „Trinkt, Störmerin, und erzählt!" Er lächelte leise: „Da Ihr auf meinen Befehl nichts vor Gericht auszusagen brauchtet, könnt Ihr's jetzt gerne zu mir!"

Die Frau rückte sich zurecht, sie war ganz gefaßt, nur ihre Rechte strich immerfort über die weiße Schürze. „So war's, Euer Durchlaucht: An Bartholomä abends saßen wir auf dem Wolm. Die Muhme Bergau hatte uns Austbrot von der Mühle gebracht. Es war so ein heißer Tag gewesen, meinem Alten tat's gut, mal aus der Werkstatt herauszukommen, wir hatten ihn im Lehnstuhl hinausgetragen. Es donnerte von weitem, wir hörten nichts sonst – da sagt er ‚Hufschlag!', und da hielten auch schon die Pferde. Die Muhme nimmt das Laternchen vom Tisch und leuchtet herunter, der Schein fällt auf die Stufen. Da steht ein Reitknecht und fragt gleich: ‚Habt Ihr ein Zimmer frei?' Noch ehe ich antworten kann und grad überlege, ob ich vielleicht das Zimmer von dem sächsischen Junker abgeben könnte, der bei den Kanitzschen Verwandten war – da steht schon eine große Gestalt vor mir, ganz dunkel im Reisemantel, und sagt: ‚Ich bin krank. Ich kann nicht weiter.' Und als sie die Kapuze zurückschlägt, braust die Eilung heran und die Laterne geht aus. Der Reitknecht faßt gleich mit mir an den Lehnstuhlriemen und hilft meinen Alten hereintragen. Wie wir alle im Flur sind, schlägt der Sturm die Tür zu. Aber grad vorher blitzte es, und ich konnte noch ihr Gesicht sehn."

Die Störmersche schwieg erschöpft. Sie mußte sich erst eine Weile ausruhen, als wäre sie einen schweren Weg gegangen.

Dann begann sie wieder: „Da war sie nun, und ehe ich noch was sagen konnte, standen sie beide in der Stube, und der Knecht hatte auch gleich Feuer geschlagen. Ich wollte nicht – aber es war, als mußte ich gehn und die Fremde bedienen. Sie saß ganz still am Tisch in ihrem Zimmer, ich schloß die Läden, ich bezog das Bett, sie kümmerte sich um nichts. Ich wunderte mich daß sie so wenig Gepäck hatte. Auch ihr Mantel war sehr dünn, aber ich wollte nicht fragen. Ich brachte ihr noch was von unserer Abendsuppe und sie aß auch, obgleich es immer noch gewitterte. Aber sie aß so, als ob's ihr ganz gleich wäre, was sie in den Mund steckte – und so blieb das auch immer.

Dann schickte ich den Reitknecht fort, zu Jürge Rodmann, dem Schmied, der nahm ihn auch auf. Wie ich dann in die Stube gehe – in unsere Stube –, da sagte die Muhme: ‚Das ist ein schlechter Mensch! Bloß gut, daß er außerm Haus wohnt!' ‚Aber Muhmchen!' sag' ich, ‚du hast ihn ja kaum gesehen!' Da meint sie: ‚Ganz genug, um das zu wissen!' Ich frag meinen Alten: ‚Und was meinst du, Johannes?' Da ist er erst ganz still, und endlich sagt er: ‚Ich sah bloß die Frau. Geh und frag, wie sie heißt!' Ich geh also, und auf einmal war mein Herz wie Blei, und meine Füße wollten mich nicht über die Schwelle tragen. Sie saß noch immer am Tisch, ganz still, den Kopf gesenkt. Ich zieh den Wachsstock hoch und stell ihn näher zu ihr, denn ich wollte doch ihr Gesicht wieder sehn, und dann frag ich: ‚Frau, ich muß doch wissen und dem Rat melden, wen ich in meinem Haus hab – wie heißt Ihr?' Sie rührt sich nicht und sagt mit ihrer gleichgültigen Stimme: ‚Amalie, Herzogin zu Cleve!' Ich sah sie an – aber sie saß so starr wie ein Bild. Und da war mir, als hätt ich sie schon einmal gesehn!"

Die Störmersche strich über die Stirn, als müßte sie sich besinnen. Dann sprach sie lebhafter: „Was dann kam, das wissen Euer Durchlaucht wie ich, und besser. Denn der Rat Gans und der Herr Kanzler haben ja berichtet, was sie mit ihr gesprochen haben auf das Gesuch hin, das sie Euch sandte und vor meinen Augen mit meines Johannes Tint und Feder aufsetzte. Sie schrieb eine schöne Hand – aber daß sie kein Siegel und keinen Wappenring hatte, das war das erste, worüber ich stutzig wurde!"

Es kam ein harter und beinah beleidigter Klang in die gute Stimme, als sie weitersprach: „Sie hatte auch kein bißchen Verständnis für die Kunst meines Alten, sah gar nicht danach hin. Auch der Dürersche Stich, den wir durch Euer Gnaden Schreiber erstanden, der war ihr ganz gleich! Was sie um hatte von Schmuck war ohne Wert, und die großen Spangen steckte sie immer falsch ein. Aber all das sah ich erst viel später. Es war, als würd ich blind, wenn ich bei ihr war. Blind und dumm. Sie kuckte mich an mit ihren großen hellen Augen, so starr und leer – und dann war ich wie im Schlaf und tat was sie wollte, und glaubte alles, was sie mir vorerzählte.

An dem Mittwoch, wie sie sich anputzte, um zu Euer Durchlaucht aufs Schloß zu gehn – ich dachte grade, wie verschlissen ihr Kleid und daß es solch ein Rot wäre, wie eine vornehme Frau es nie trägt –, da kramte sie in ihrer Schachtel nach einem Ring. Ein hübscher Ring war's, aber altmodisch, noch mit Ranken und Herzchen, ein Ring, wie ihn die Bauern unten am Neckar tragen – da wirft sie auf einmal alles heraus. So nach ihrer Art, immer erst ganz gleichgültig, und dann auf einmal bös, ganz bös und ungeduldig, am liebsten machte sie dann alles zuschanden. Es flog nur so vom Tisch runter. Ich bück mich und such's zusammen. Granatkette und Silberspange und Ringe und Nadeln und ein Korallenhörnchen und –"

„Und dies Bernsteinherz mit der Kaulquappe!" ergänzte der Herzog.

Sie nickte. „Ja! – Ich dachte, mich rührt der Schlag. Ich sah zu ihr auf, da fährt sie mich wütend an: ‚So steht doch auf! Soll ich Euch etwa helfen?' Aber ich konnte nicht, so zitterten meine Knie. Ich sah sie bloß an und hielt ihr das Bernsteinherz entgegen. Sie nahm's und sah mich wieder an. Da wußte ich, daß sie wußte –"

„Wer sie war?" fragte der Herzog so eindringlich, wie man zu einem Fieberkranken spricht. Die Störmersche rang die Hände: „Ja und nein. Das ist's ja eben!" Sie sah ängstlich auf. „Was ich davon weiß, das erzähl ich hernach. Erst bloß dies."

Sie atmete auf, als befreite sie sich von einer Last. „Als ich merkte, sie war weg, und der Knecht auch – immer schlich er hinter ihr her, wie ihr Schatten, aber ich habe nie gesehn, daß sie mit ihm sprach oder ihm Augen machte –, da ging ich zu meinem Alten in die Werkstatt. Er arbeitete grade an dem neuen Siegel fürs Archiv, und die Glaskugel schien klar in sein Gesicht. Aber er stellte gleich den Schirm vor, legte den Stichel hin und sagte, wie ich noch an der Tür stand: ‚Trinke, was hast du?'

Ich setz mich auf den Schemel neben seinen Stuhl und sag: ‚Johannes, besinnst du dich noch auf das Bernsteinherz, das du damals in der Herberge in Meißen machtest, nach der Wette mit dem Stenzel Martin, als wir dort im sächsischen Krieg festlagen?' Da lachte er ganz leise, nahm meine Hand und streichelte sie. ‚Das mit der kleinen Kaulquappe? Selbst der Martin hielt's zuerst für einen Einschluß! Was für einen Spaß hatte er dran! Ich war ganz stolz, wie er es so bewunderte und als Geschenk nahm!' – Da sag ich leise: ‚Ja, das! – Das er dann wieder unserm Malenchen bei der Nottaufe umhing. Und das wir dann dem fremden Kind schenkten –'

Da fragt er ganz leise: ‚Hast du es wieder gesehen? Hat sie es noch? Hat sie es noch nicht versetzt?'

‚Johannes!' schrei ich und fahr in die Höhe und starre ihn an. ‚Hast du sie erkannt?' Er sagt: ‚Gleich wie sie da auf dem Wolm stand. Wo hast du deine Augen, Katharina? Sie gleicht doch ihrer Mutter wie eine Erbse der andern – aber nur von außen. Sonst ist sie, wie der Mann war, bloß noch schlechter. Es drückt mich auf die Brust, wenn sie im Haus ist. Wenn sie durchs Zimmer geht, werden meine Steine blind.'

Da sag ich: ‚Johannes, du kannst sehn, was andere nicht können – glaubst du, daß sie die Schwester von dem Clever Herzog ist?' Er streicht mir über die Stirn, als ob ich da Schmerzen habe, ganz sacht, und sagt: ‚Wer sie ist, das weiß Gott allein! Sie weiß es wohl selbst nicht mehr. Aber das weiß ich, daß sie lügt wie unsereins atmet. Auch, daß sie Macht hat, andere glauben zu machen, was sie lügt – mein Trinke obenan!'

Ich nicke bloß und denke, – wie kann das zugehen? In meiner Not muß ich's laut gefragt haben, denn da antwortet mein Johannes schon: ‚Weil es dem Vater der Lüge gegeben ist, allerlei Gestalt anzunehmen, uns alle zu versuchen und zu blenden, den Armen und den Mächtigen.'

‚O Johannes! Warum ist das so? Was hilft uns da?' Aber ich merkte schon, daß er nach seiner Art nicht hörte, sondern leise betete, seinen Arm durch meinen gezogen, wie abends im Bett, und ich hörte grade, wie er flüsterte: ‚sondern erlöse uns von dem Bösen –'"

Die Störmersche schrak zusammen und schlug sich auf den Mund. „Fürstliche Durchlaucht, verzeiht! Ihr wißt, er stammt aus dem Westen, sein Vater hing der Kalvinischen Lehre an, aber er ist ein guter Lutheraner, mein Johannes, der Domprediger kann's bezeugen! Ich meine ‚von dem Übel –'"

Der Herzog sah sie ruhig an mit seinen dunklen, klugen Augen. „Laßt nur, er ist ein guter Christ, Euer Eheherr, und manchmal ist's schon recht so. Denn sagt selbst, Störmerin – war sie nicht böse?"

Die Frau senkte den Kopf. „Mir steht es nicht zu, sie zu richten. Es kann keine Frau verdammen, was an ihrer Brust trank!"

„Störmerin!!"

„Ja, Euer Durchlaucht, so ist's. Beim wahrhaftigen Gott! Ich sagte ja, unser Malenchen bekam die Nottaufe, und als wir endlich von Meißen fort konnten, wurde es in meinen Armen immer weniger. Wir kamen ganz langsam weiter. Die Straßen waren verstopft von Reiterei und Geschützen, in den Gasthöfen lagen die Offiziere, in den Scheunen der Troß. Überall trieb sich Gesindel rum und Heimatlosgewordene. Es war ein Elend, und wir selbst täglich armseliger. Auch der Gaul konnte nicht mehr weiter, und zuletzt brach noch ein Rad. Das war morgens. Und so gegen Mittag – da starb das Malenchen. Es war ein steiler Weg, Kirschbäume standen dran. Seit der Zeit kann ich Kirschen nicht sehn, die schwarzen schon gar nicht. Ganz nahe lag ein kleines Dorf, aber die Bauern waren so voll Angst, sie jagten uns mit Dreschflegeln fort, als wir zum Pfarrer wollten. Da gingen wir zurück zu unserm Wagen. Ich machte das Malenchen zurecht, mein Mann nahm ihr das Bernsteinherz ab und hing ihr dafür ein Kreuzchen um."

Sie verstummte eine Weile und schloß die Augen. Dann begann sie wieder: „So gegen Abend haben wir sie auf einem Hügel begraben, wo noch ein zerbrochener Bildstock aus der alten Zeit stand. Dann saß ich unten am Grabenrand neben unserm Wagen und hielt immer noch das leere Kissen im Arm. Miteins kommt ein vornehmer Reisewagen, mit Vorreitern und bewaffneten Knechten zu Pferd und einem Planwagen für die Dienerschaft. Der Reisewagen hält an. Er hat rote Ledervorhänge mit dicken Quasten, und auf der Holztür ist ein ganz großes buntes Wappen mit Helmbusch gemalt. Eine Männerhand im grauen Stulphandschuh hebt das Leder an, und wir hören eine Frauenstimme rufen."

Die Störmersche schluchzte auf, aber sie faßte sich gleich wieder. „Dann weinte ein Kind. Da schoß mir die Milch so in die Brust, daß ich die Hände draufdrückte und laut stöhnte. Die Frau im Wagen biegt sich heraus, ihr goldnes Haarnetz funkelt in der Abendsonne, sie streckt die Hand aus, ganz weiß und schlank und voller Ringe. Sie sieht mich mit ihren hellen großen Augen durch und durch an und sagt: ‚Könnt Ihr ein Kind nähren? Die Säugamme ist uns in Dresden am Fieber gestorben.' Ich nickte bloß, ich konnt es gar nicht abwarten und riß ihr das Kind beinah fort, als sie es mir reichte. Es war jünger als mein Malenchen, und sein Gesichtchen war vor Hunger spitz und welk. Es war in feine Windeln gewickelt und mit gestickten Bändern beschnürt, aber alles war verstaubt und schmutzig. Doch das sah ich gar nicht. Ich saß da am Feldrain, ich hörte die Lerchen oben, ich merkte, daß ganz nahe ein Kleefeld blühte und wie das Kind trank."

Sie weinte still vor sich hin. Der Herzog ließ sie ruhig gewähren. Er machte nur ganz leise den Schrank auf, damit ihr Blick, wenn sie sich aufrichtete, gleich das goldene Bernsteinfunkeln durch den Spalt sehen konnte.

Sie sprach ruhig weiter: „Ja, dann nahmen sie uns mit, die beiden. Wie die Frau aussah, wissen Euer Durchlaucht. Und er – nun, wie sehn die Falschspieler und Abenteurer aus, die da rumbrodeln, wo Krieg und Aufruhr ist? Ein stattlicher Mann war er schon, aber ich konnte ihn nicht so schön finden, wie mein Johannes sagte. Sein Gesicht war breit und hart, und auch unter der Samthaube und dem goldenen Festkränzel rüde und hochmütig, und sein Jähzorn war schrecklich. Dann schlug er nach allem und allen, auch nach ihr und dem Kind. Er war aber viel klüger als sie und verstand allerlei, auch von der Kunst. Auf seine Art war er meinem Johannes gewogen und ließ ihn immer im Wagen fahren, weil schon damals seine Füße so schlecht waren. Sie trug viel Schmuck, aber er noch mehr. Er hatte Glück beim Würfeln, und wenn er dann einem andern Gold und Ringe abgenommen hatte, mußte der Johannes das umarbeiten, und er prahlte gern damit beim Spiel. Aber der Johannes mochte ihn nicht.

Dann auf einmal verließ ihn das Glück. Es wurde auch ruhiger im Land, und er fand keine Kumpane mehr. Er wollte durchaus ins Polnische. Dazu bohrte er immer, daß ich das Kind absetzen sollte, was der Frau nicht recht war. Ich tat's aber doch, denn unser Gaul war gesund und ausgefüttert – darauf verstand sich der Herr wie ein Roßtäuscher, zu Pferden war er gut. Johannes und ich besprachen uns halbheimlich, daß wir oderabwärts nach Frankfurt zur Michaelismesse wollten und in Schlochau überwintern, wo der Johannes noch von der Wanderschaft her einen alten Zunftfreund hatte.

Aber die Frau ließ uns nicht fort. Wir waren schon nah der Oder und ich merkte, daß sie Angst hatte vor Polen. Auch Angst um das Kind, das keinen Bissen Brei nahm, wenn die tschechische Kindsmagd ihn ihr gab. Wir hatten die unterwegs mitgenommen, sie konnte kein Wort Deutsch, ihre schwarzen Augen rollten vor Furcht, wenn sie den Herrn sah oder wenn das Kind so schrie und sich bocksteif machte und den Mund zuklemmte. Nie gab's so ein eigensinniges Kind. Und zuletzt bekam's die Krämpfe. Wir kamen grad durch eine kleine Stadt im Schlesischen und die Frau weinte und bettelte im Gasthof, daß der Herr das Kind doch taufen lassen sollte. Erst da erfuhr ich, daß es noch eine Heidin war und war traurig. So ging ich selbst, den Pfarrer herauszuklopfen.

Es war spätabends, und der Mond schien hell auf die Gräber, als der Küster die Kirche aufschloß. Es war kalt und die Bäume schon fast entlaubt, denn mittlerweile war's Herbst geworden. Im Mondlicht sah man die Hussitenkugeln die überm Türbogen steckten, und drinnen war alles ganz kahl. Nie sah ich solch arme Kirche, nicht mal eine Sakristei gab's, und der Taufstein stand dicht am Altar. Aber alles war sauber und frisch geweißt, auf dem Altar lag ein blanker Leinenbehang und auf dem Stein ein gesticktes Tuch, wie's dort die Frauen tragen. Als der alte Küster es aufhob und Wasser in die Schale goß, blinkte das Messing wie Gold. Aber die Altarleuchter waren schwarzes Holz, und die Kerzen ganz kurz. Doch hinter den hohen Fenstern stand die blaue Nacht, und mir war's ganz friedlich, als ich das Kind hin und her wiegte. Es schrie von der Schwelle an. Dabei sah ich nach dem Prediger. Er war so alt wie der Küster und war wohl ein Mönch gewesen zur katholischen Zeit. Mein Johannes sah sich um und meinte: ‚Hier ist gut beten.' Da nickte ihm der Pfarrer zu und lächelte, so sanft, wie ich noch nie wen lächeln sah, und sagte mit leiser Stimme: ‚Weil hier das Blut so vieler Märtyrer vergossen ist.'

Dann fragte er den Herrn, ob er einen besondern Taufspruch für seine Tochter wünschte. Da lachte der sein rohes Lachen, es hallte von den Säulen wider, und sagte: ‚Ja, – die Kinder der Huren und Ehebrecher werden nicht das Himmelreich erlangen!'"

„Hat der Pfarrer sie dann getauft?"

„Doch, Euer Durchlaucht. Er blieb ganz ruhig und sagte, er würde in der Bibel nachschlagen, was Gott für das arme Kind bestimmte. Der Küster rückte den einen Altarleuchter ganz nahe, und da las der Pfarrer: ‚– ob eure Sünde gleich blutrot ist – –', aber seine Stimme brach. Dann sagte er ein bißchen zittrig: ‚Nun will ich noch zum drittenmal fragen.' Das Kind schrie wie am Spieß, die Frau weinte laut, als der

Pfarrer nun las, worauf sein Daumen wies: ‚Denn die Gewaltigen sind nicht den guten Werken, sondern den bösen zu fürchten.'

Ich merkte, wie den beiden Alten grauste, und sah, daß der Küster ein Kreuz schlug. Aber da fiel mein Johannes ganz laut ein: – ‚Willst du dich aber nicht fürchten vor der Obrigkeit, so tue Gutes, so wirst du Lob von derselbigen haben.'

Das ist dann ihr Taufspruch geworden, und sie ist auf die Namen Amalie, Elisabeth, Gesine getauft. Als das Wasser über ihre Stirn lief, wurde sie ganz still und schlief ein, ganz sanft, wie ein gesundes Kind schläft.

Es stand ein Tisch an der Wand, da schrieb der alte Pfarrer ihren Namen ins Kirchenbuch. Er wollte auch die Paten wissen, und der Herr nannte allerlei vornehme Leute, ich glaubte keinen Namen davon, und mir ekelte es, daß er auch an diesem Ort sein Prahlen und Lügen nicht lassen konnte. Zu guter Letzt nannte er mich: ‚Die Ehefrau des Herzoglichen Hofgoldschmieds, („Nun, damit hat er wahr prophezeit!" murmelte der Herzog), Frau Katharina Störmer von Knyphoff.' Ich dachte: Weinen kannst du nicht, und es überkam mich eine böse Lust, laut herauszulachen. Aber ich beherrschte mich, als ich meines Johannes' Gesicht sah und merkte, daß er nach mir blickte und leise betete. Und dann –"

Die Störmersche zitterte so, daß sie nicht weiterreden konnte und der Herzog sein Riechfläschchen aus der Samttasche holte und erst eine Weile warten mußte, bis sie sich an dem Lavendelsalz erfrischt hatte. Dann sprach sie leise weiter und bekam rote Flecken auf den Backen wie im Fieber.

„Dann fragte der Pfarrer nach den Eltern des Kindes. Da sah uns der Mann alle an mit seinen schrägen Augen und zuletzt die Frau, er bleckte mit den gelben Zähnen und sagte: ‚Schreibt, Pfarrer: Die außer der Ehe geborene Tochter der entlaufenen Gemahlin des weiland –', aber da sprang ihn die Frau schon an und wollte ihm den Mund zuhalten. Er rang mit ihr, und mit einem furchtbaren Griff drückte er sie auf den Stuhl neben dem Tisch. Sie stöhnte und wand sich, da sagte er über die Schulter: ‚Nein, schreibt lieber: Bankert der Lagerdirne Anna aus Wesel.' Da schrie sie gellend auf, bloß einmal, und ihr Kopf fiel auf die gerungenen Hände auf der Tischplatte.

Der Pfarrer schob sein Buch leise zur Seite, und der Küster hob das Tintenfaß auf, denn sie merkten, daß ich das Kind neben die Mutter legen wollte. Sein Köpfchen lag dicht an ihrer Stirn, aber sie merkte es wohl nicht. Da trat mein Johannes zu mir, gab mir das Bernsteinherz, das er aus einem Tüchlein wickelte, und sagte: ‚Häng's deinem Patenkind um, Katharina! Ein Taufgeschenk soll's doch haben!' Als ich das tat und es dem Kind aufstreifte, schlug's die Lider auf und blickte mich groß mit den weit auseinanderstehenden, hellen Augen an. Dann schlief es weiter.

Da gingen wir, der Johannes und ich, Hand in Hand still aus der Kirche. Als wir uns noch einmal nach dem Altar wandten, wo immer noch die Kerzen brannten, sahen wir, daß keiner sich rührte. Sie standen wie die Bildsäulen, nur der Pfarrer hatte seine Hand auf die Stirn des Kindes gelegt. Bloß der alte Küster sah nach uns und nickte uns zu. Wir schritten hinaus in die kalte Mondnacht. Die Kreuze glänzten, und unter der weißen Mauer wartete unser Wagen. Heut erscheint mir das wie ein Wunder, und auch daß der Braune gleich in die richtige Straße bog, –

Nun aber frag ich Euer Fürstliche Durchlaucht, der Ihr doch so gelehrt seid und den weißen Mantel trugt" – (Der Herzog zuckte zusammen. Es wagte keiner, je davon zu sprechen. Aber der Störmerschen verweinte Augen sahen ihn gläubig und vertrauend an, blau, wie Frau Dorothees

Augen –) „was sollte aus einem Kind werden, das solche Taufe hatte?! Oft hab ich's gedacht – sogar die einzige Gabe, die es aus gutem Herzen erhielt, war eine Fälschung!"

Die Störmersche war aufgesprungen und neben dem Lehnstuhl zu Boden geglitten, sie klammerte sich an den Pelzrock des Herzogs. Der blickte voll Erbarmen auf sie nieder. Dann sprach er ganz leise: „Was daraus werden soll – das habt Ihr wohl gesehn, wenn auch nicht alles. Das habt Ihr nicht, Gott sei gedankt, und andre auch nicht, was sie da auch alles auf dem Markt zusammenfabelten."

Er schüttelte den Kopf. Dann seufzte er tief. „Ich aber hab's gehört – von ihren eigenen Lippen. Nein, Störmerin, nicht hier. Hier hat sie noch gelogen, wie bei Euch. Aber drüben –"

Die Störmersche wollte flüstern, aber es brach wie ein heiserer Schrei aus ihrem Mund: „Bei der peinlichen Frag'?"

„Ja. Dabei."

Die Frau versuchte zu reden, aber es wurde bloß ein tonloses Stammeln. „Ist sie gerichtet?"

„Ja. Gestern nacht."

„Um den ersten Hahnenschrei?"

Der Herzog nickte. Die Störmersche hob sich schwer und taumelnd von der Erde, aber sie war ruhiger als vorher. „Der Johannes weckte mich. Er sagte, es hätte an die Tür geschlagen."

„Vielleicht suchte sie Euch!" Als die Frau still blieb, fuhr der Herzog fort: „Das Herz da gab sie dem Scharfrichter, er sollte es mir übergeben – für Euch. ‚Für meine gute Nährmutter', hat sie gesagt. Ich verstand das nur nicht gleich. Den goldnen Ring, von dem Ihr spracht, den durfte sie behalten und ist auch damit in die Erde gekommen. Das war das einzige, was sie noch kümmerte. Sie barmte richtig darum."

„War der von dem Kerl?"

„Nein, sicher nicht. Der Knecht war wirklich aus dem Lübischen, ein Likendeeler oder so was. Sie hat nicht mehr nach ihm gefragt, als er sie angegeben hatte."

Die Störmersche stand unschlüssig da. Dann schob sie das Bernsteinherz fort. „Verzeiht, Euer Durchlaucht, ich weiß, es ist nicht recht – aber ich mag's nicht anrühren und nicht wieder unter mein Dach nehmen." Sie sann nach und sprach wie zu sich selbst: „War doch manches Gute an der alten Lehr – man konnte es aufopfern an Sankt Kathrinens Altar, man konnt Messe lesen lassen für eine arme Seel –"

Der Herzog saß so still wie ein Beichtiger. So leise wie der, sprach er: „Euer Herz legt Fürbitte für sie ein."

Da wandte sie sich jäh. Ihre sanften Augen blickten fast wild. „Nein, und wieder nein! Das bekennt sich schuldig, denn es hat sie nicht geliebt. Schon als sie an mir sog, da macht ich die Augen zu und dachte bloß ans Malenchen. Und jetzt – es stieß mich richtig von ihr fort, ich atmete erst auf, als sie weg war. Als die Leut erzählten, sie wäre abgeschoben bei Nacht und Nebel, da war ich froh! Sie lag mir wie eine Mahr auf, ich fürchtete sie. Nein!" Sie schauderte und wiederholte es laut, wie ein Bekenntnis: „Ich liebte sie nicht!"

„Aber doch standet Ihr für sie ein, selbst gegen den Kanzler. Ihr halft, als ihr keiner mehr helfen wollte, Ihr decktet noch die Entflohene. Und warum kamt Ihr heute her? Nicht, weil ich rief! Ihr hättet schon einen Vorwand gefunden, den Gesellen mit dem Schmuck zu schicken. Ihr kamt, weil Ihr von mir Gewißheit über Eure Milchtochter haben wolltet!"

Der Herzog trat neben die Frau. Die hatte sich an den Ofen gedrückt und wärmte die Hände an den bunten Kacheln, sie zitterte wie im Frost.

„Störmerin! Gott sieht unsres Herzens Schwachheit – Er weiß auch, wenn wir lieben möchten!"

Die Frau sah ihn groß und abwesend an. Dann fragte sie unvermittelt: „Aber warum belog sie mich? Mich?"

Er gab ihren Blick ruhig zurück. „Weil die Schlange sticht."

„Aber mußte sie deshalb sterben? – Es laufen genug Lügner und Betrüger herum mit dem Brandmal. Am Pranger hatte sie ja schon in Antwerpen gestanden!"

„Nein, Störmerin – das war alles bloß Gerede, so wie das mit den Studenten und von dem Frauenhaus in Halle. Sie wußte dort nirgends Bescheid. Aber wenn der Profoß hinter einem her ist, dann weiß der eine gute Bürger immer noch mehr von dem armen Sünder als der andere. Und hier war ja auch viel zu erzählen. Aber so viel es auch war – nein, darum mußte sie nicht sterben. Auch nicht, weil sie den reinen Namen einer edlen Frau mißbrauchte, um ihre Schande zu bedecken. Nein, nicht um all das. Es gibt Schlimmeres."

„Wohl, Euer Gnaden. Ich hab viel sehn müssen in meinem Leben."

Blaß und traurig blickte sie nach dem Herzog. Seine dunklen Augen sahen sie voller Güte an, aber sein Gesicht wurde streng, wie sie es noch nie gekannt, doch ohne Zorn, feierlich und ernst, wie hinter Frau Dorothees Sarg.

„Ich glaub's Euch. Uns allen begegnet das Schlimme in Gassen und auf Wegen, und die, welche reinen Herzens sind, sehn's mit Betrübnis und heiligem Zorn, aber wir müssen lernen, das als Prüfung hinzunehmen, solange die Welt und unser Fleisch in ihrer Schwachheit verharren.

Denn es gibt Schlimmeres, das, was Euer Johannes mit dem ‚Bösen' meint. Das sehn nur die Schlechten selbst und sonst nur die Richter und Nachrichter und manchmal die Geistlichen. Es ist eine schwere Last, darum zu wissen. Nur die Weisen und Frommen, erfahren in den Schriften und der Erkenntnis des menschlichen Herzens, die es erblicken können, ohne vor Entsetzen zu versteinern, dürfen darüber das Urteil sprechen, als Gottes und der Obrigkeit Diener."

Die Störmersche nickte. „Das ist die äußerste Verdammnis."

„Nicht die äußerste!" In des Herzogs Augen kam ein großes Leuchten, sein Antlitz wurde fremd, nicht jung noch alt, wie das eines Erzengels. „Die erblicken nur jene, die einsam horsten wie Adler, sie, denen Gott die Regentschaft verlieh auf Erden, das Zepter, die Völker in Frieden zu weiden, das Schwert, sie zu verteidigen und den Schuldigen zu strafen. So hoch stehn sie, daß sie als Einzige bis in den Schlund blicken, wo die Verräter in ihren eigenen Schlingen schmachten!"

„Gnädiger Herr!" die Störmersche gebrauchte wieder die alte Anrede der früheren Zeit, sie lag auf den Knien vor ihm und rang die Hände, totenblaß war sie, und ihre Kiefer schlugen so sehr, daß ihre Worte nur undeutlich zu ihm heraufklangen: „War es Hochverrat?"

Der Herzog nickte. Er sah auf ihren Scheitel. Flimmernd lag der Schein des Lämpchens auf dem blonden Haar, auf der schönen runden, der reinen Stirn. Er sprach ganz sanft wie zu einem Kind. „Frau, was gebührt dem, der seiner Geschwister Sicherheit bedroht, der seine Mutter ins Gesicht schlägt und seinen Vater in Mörders Hand übergibt?"

Sie kauerte vor ihm und wiegte sich hin und her in ihrem Schmerz, als hielte sie ein Kind auf den Knieen, sie weinte leise vor sich hin.

„Der Tod –"

„Und wer ist mehr als Vater, mehr als Mutter und Geschwister, wer speist und nährt uns?"

Die Störmersche glitt näher, sie richtete sich ein bißchen auf, griff nach des Herzogs Hand, lehnte ihr tränennasses Gesicht daran wie ein Kind an die Hand des Vaters, und sagte leise und vertrauensvoll: „Ihr!"

Er lächelte fern und still wie über das Gestammel seines kleinen Sohnes. „Nein, Frau – das ist unser Land, unser Preußen, das mich und Euch umfängt. Mir anvertraut, ein teuer wertes Gut, für das ich Rechenschaft ablegen muß am Jüngsten Tag, mir übergeben, es zu schützen gegen Feindesangriff und Gewalt und gegen die böse List der Verräter. Die ich verstoßen muß, Euch und uns allen zugut, in jenen äußersten Schlund – in die tiefste Tiefe –"

Er fuhr zusammen, so jäh hatte sich die Störmersche von den Knien gehoben. Sie stand vor ihm mit fliegendem Atem, mit großen Augen die seinen suchend. Sie faßte die breite Marderklappe seines Samtrocks in ihrem glühenden Eifer. „Gnädiger Herr, gibt es kein Seil, das bis in diese Tiefe reicht?" – –

Aber ehe Herzog Albrecht antworten konnte, klopfte der Diener, und hinter ihm schob sich der Junker herein mit einem Stapel Akten im Arm, und aus dem Brokatvorhang tauchte der blasse Geheimschreiber. Durch die beiden offnen Türen waren da im Vorzimmer noch allerlei Wartende zu sehn, der grauhaarige Leibmedikus der Herzogin und die Kammermagd, der dicke Diener des Kanzlers, der oberste Koch mit der weißen Schürze, der alte Falkner und ein junger blankäugiger Reitknecht. Es war deutlich zu merken, daß sie alle ungeduldig waren und zugleich vor Neugier brannten.

Der Herzog winkte aber ab, daß man die Türen schloß und sagte laut: „Gebt mir das Brett mit dem Schmuck, Störmerin, ich will es gleich hier einschließen. Sagt Eurem Eheherrn, wie sehr ich mit allem zufrieden bin und daß ich den Ring mit dem Chrysopras gleich trage! Und nun blickt noch einmal her!"

Dabei wies er auf den Schrank, den er noch einmal weit öffnete, und als er das Brettchen mit dem Schmuck hineinstellte, hieß er den Diener das Lämpchen hochheben, so daß es auffunkelte wie Sonnenlichter in einem abendlichen Wald, ehe der Schatten der Schranktür alles auftrank, als er den Flügel sacht schloß.

„Du bringst die Störmerin nach Haus, Jonas!" sagte er dann zu dem Diener. „Aber nicht über den Hof, sondern gleich durch den Zwingergarten und das Mauerpförtchen nach dem Markt!"

Er geleitete die Frau noch selbst bis ins Eckzimmer. Als der Alte ihr das Regentuch umgelegt hatte und, schon im Kapuzenmantel, nach dem Stab mit der Laterne griff, bückte sich die Störmersche und küßte die Hand des Herzogs, die er ihr zum Abschied reichte. Er lächelte ein bißchen. „Seid Ihr nicht gleich alt mit der seligen Herzogin?" fragte er. Sie nickte. „Aber ich bin im Oktober geboren, am Gallustag." Er sah sie bedeutsam an, als läse er von ihrer hohen, immer noch glatten Stirn. „Ein Kind der Waage. Das verheißt ein ruhiges und ehrenvolles Alter nach bewegter Lebensmitte!"

Sie neigte sich noch einmal, dann folgte sie dem Alten die steile Wendeltreppe hinab.

Der Herzog trat zum Fenster und stieß es auf. Der Sturm war schon im Ausebben und kam in langen Abständen, schwer und brausend um den Westturm. Die Lindenwipfel im Zwingergarten, durch den das Laternchen tanzte, rauschten, es plätscherte unten der Marktbrunnen, und fernher, hinter den Giebelhäusern, gurgelte der Pregel, der Hochwasser führte und schon die Fischbrücke überflutete. Der Mond sah jetzt durch das jagende Gewölk, die Luft war rein, sie roch wie Seeluft, und der Herzog atmete sie tief ein.

Dann trat er zurück, und als der Page das Fenster schloß und die Kerzen auf dem Schreibtisch entzündete, schickte er den Schreiber ins Vorzimmer und ließ sagen, daß die dort noch eine Weile warten müßten. Als unter des Junkers Händen der seidene Vorhang vor die runden Scheiben glitt – er war Frau Dorothees letztes Geschenk gewesen, und sein kleiner Sohn liebte es, sich unter den rosenroten Falten zu verstecken –, fiel es dem Herzog schwer aufs Herz, daß das Kind mit dem Gutenachtsagen auf ihn wartete. So schickte er auch noch den Pagen nach vorn, um die alte Kammermagd zu vertrösten, die ihn allabendlich dazu holen kam.

Als die beiden, der Geheimschreiber und der Junker, wieder ins Zimmer traten, stand der Herzog am Schreibtisch, die Hand auf dem Aktendeckel.

Dann ging er zum Kamin und ließ sich von dem Schreiber die obersten Aktenbogen zureichen. Er schürte selbst die zusammengefallene Glut mit dem Haken, warf die Blätter einzeln hinein und sah stumm zu, wie sie sich krümmten, hoben und verfärbten. Schriftzeichen tauchten noch einmal auf: ‚bekannte' und ‚dem Hauptmann gesagt zu haben' und ein paarmal ‚Amalie'. Dann leckte die Flamme züngelnd herauf, es schwelte und glühte, zuletzt blieb bloß ein schwarzer Flor und blutroter Schein darunter.

Der Herzog trat zurück. Er stieß gegen den Pagen und sah nun erst dessen verstörtes Gesicht und daß er ihm etwas entgegenhielt. Es war das Bernsteinherz, das in der Nebenstube am Boden gelegen und auf das der Junker getreten war, als er dort die Becher forträumen wollte. Die Öse und ein Stückchen vom Rand waren abgesplittert.

„Nun hat's wohl keinen Wert mehr", stammelte der Junker. „Den hat es doch – aber nur für mich", sagte der Herzog und nickte ihm zu. Dann nahm er selbst das Bernsteinherz und hielt es gegen das Feuer. Das kleine Kaulquäppchen schien an sein durchsichtiges Gefängnis zu stoßen, sich in dem heißen goldnen Schein zu bewegen, der zarte Schweif sich zu winden in dem zuckenden Spiel der roten Glut. Dem Pagen, der sich vorbeugte, und dem Schreiber, der näher gekommen war, grauste es plötzlich, und sie wichen zurück.

Im selben Augenblick, gerade als der Herzog leise sagte „Gott wolle uns alle vor Täuschung und schlimmem Tod bewahren –" und sich zu seinem Schreibtisch wandte, fuhr ein jäher Windstoß heulend in den Kamin. Ein Funkenregen stob weit ins Zimmer, in großen feurigen Flocken wirbelten die verkohlten Fetzen in den Rauchfang, in dem der Sturm klagend und winselnd davonstob.

Ein paar Mägde, die noch so spät auf ihren Holzkorken zum Marktbrunnen klapperten, ermutigt von dem bißchen Mondlicht, das auf den regennassen Katzenköpfen des Pflasters blinkte, ließen Krüge und Eimer überlaufen, denn es geisterte ein Lichtschein unter den Bäumen des Zwingergartens bergab. Ein Schlüssel drehte sich kreischend, und dicht neben ihnen öffnete sich unwillig knarrend die kleine Pforte in der Schloßmauer. Der Laternenschein blendete, so erkannten sie nicht die Frau, die da, dicht in ihr Regentuch vermummt, hinter dem herzoglichen Diener die Stufen unterm Schöffenhaus herunterschritt. Nur der Jungknecht des Aeldermanns, der auf dem Brunnenrand herumschäkerte, pfiff leise vor Überraschung, und die alte Magd des Schöffen, die sich grade bückte, um die Eimer an den klirrenden Pedehaken zu hängen, behielt den Mund auf, als der Schein der Laterne grade über ihr voll übers Gesicht der Frau fuhr, deren wehender, dunkler Rock sie im Vorüberschreiten streifte.

Die Störmersche gewahrte nichts. Sie lief beinah gegen den knurrenden schwarzen Fleischerhund, den der kleine Lehrjunge grade noch an der kurzen Kette zurückreißen konnte. Sie hörte nicht den warnenden Zuruf der beiden Alten, als sie sich in die blaue Schürze des Seilers verwickelte, in der er allerlei Abfall von Gemüse und Obst gesammelt, ehe er sich nun auf der Rathaustreppe mit dem Drosselfried ein gemütliches Abendgespräch gönnte. Sie hörte nicht einmal, wie der Faktor des Tuchschers, der die großen Holzladen vor die Ladenfenster krampte, über das Geländer des Wolms herunterrief: „Groter God – ös dat nich de

Störmersche?", worauf die dicke Pipersche, die bei ihrem Tranfunzelchen mit den beiden Töchtern endlose Tannengewinde für die Hochzeit der Panzerschen Erbtochter flocht, aus ihrem Keller auftauchte und ihr nachblickte, wie sie da den Markt hinunterschritt, – einen Diener mit der Laterne vor sich, wie eine Ratsherrnfrau.

Ehe sie in die Hökergasse einbog, wandte sich die Störmersche noch einmal, um nach dem Schloß zurückzublicken. Ungefüg lag es über der Stadt unter dem wolkigen Himmel. Alle Fenster der Südfront waren dunkel, nur in dem Erker überm Zwingergarten spiegelte sich der blasse Widerschein mondheller Wolken. Aber aus dem Eckzimmer des Herzogs leuchtete es in purpurnem, sanftem Glühn.

Die Frau hob die gefalteten Hände empor. Das schwere Tuch glitt ihr vom Kopf, sie mußte es festhalten, und die Worte ihres lautlosen Gebets entglitten ihr, als trüge der leise verhallende Wind sie ihr von den Lippen.

Sie konnte den Blick nicht von dem leuchtenden Fenster da oben wenden. Nun stieg es aus dem hohen Schlot darüber wie züngelndes Feuer. Es flog in die Nacht wie brennende Fetzen, es sprühte über das steile Schloßdach, es wehte weit über Mauer und nahe Giebel, es verflatterte im Sturm und erlosch.

Eine schwarze, zerrissene Wolke trieb über den Mond, und die Störmersche wurde es erst jetzt gewahr, daß der alte Jonas ihr Verweilen gar nicht gemerkt hatte, sondern ihr schon weit voraus war und eben um die nächste Ecke zur Schmiedebrücke bog. Es fiel ihr auf einmal schwer aufs Herz, daß ihr Johannes sich schon um sie ängstigen würde. Vom Sturm getrieben, lief sie dem Alten nach.

Das Gurgeln des steigenden Pregels klang ihr schon entgegen. Das Wasser strömte rauschend um die Brückenpfeiler und Kettenpfähle, es trieb strudelnd über die zusammengestürzten Buden und Holzstühle der Fischbrücke, bei den

Gildefischern blinkte ein rotes Lämpchen, die Knechte verrammelten dort die starken Eichenläden der Gewölbe.

Hier war's schon heimatlich, trotz des drohenden Wassers, das nun aufblitzte, als der Mond wieder durch die Wolken sah. Die Störmersche raffte den Rock und lief dem schwingenden Laternchen nach in die dunkle Schuhgasse, als sähe sie dort schon die Werkstatt vor sich und die leuchtende Glaskugel über dem kleinen ausgebuchteten Tisch mit den Eisenfeilen, der Lupe und den Steinen in der Achatschale, und über allem in dem klaren stillen Licht das treueste Antlitz, das ihr wartend entgegenblickte.

HEILIGER ABEND

In Nebelgrau und Wind verweht das Glockenklingen,
Ich hör das Nachbarkind ein Krippenliedchen singen,
Wie strahlt aus fremdem Haus bis hier der kerzenhelle,
Geschmückte Baum heraus.
Auf grauer Gartenschwelle
Liegt nadelgrün ein Zweig. Still hebe ich ihn auf,
Wie steigt erinnerungsreich sein Duft zu mir herauf.
O Kinderweihnachtstraum! O kettenbunte Fichte,
Funkelnd von goldnem Schaum, – verlöscht sind
deine Lichte,
Wie Schifferlied verhallt, verging, was wir verlassen,
Vinetas Mastenwald und seine Giebelgassen.

Aus tränenbittrem Meer, wo sie versunken schliefen,
Winken noch einmal her, die jene Glocken riefen.
Zerborstnen Domes Tor springt auf in goldnem Glühen
Und läßt den Himmelsflor der Fenster neu erblühen,
Gleich stummer Kreatur von schwerem Bann befreit,
Ach, einen Herzschlag lang grüßt mich Vergangenheit, – –

Die Nebeltropfen sprühn, der Wind weht hohl und kalt,
O Zweig, so frisch und grün, wie duftest du nach Wald,
Erinnerung heißt dein Hauch, heißt Leid und Wanderfahrt,
Doch neue Heimat auch und bunte Gegenwart,
Heißt grüner Festeskranz und stiller Friedhofsbaum, –

Du Zweig bist Unterpfand, von Freundeshand gegeben,
Daß ich in diesem Land noch einmal darf erleben
Bei stillem Kerzenschein, geborgen mit den Meinen
Des Weihnachtsabends goldnen Traum!

Königsberg i/Pr
Gesekusplatz 2
3. Januar 1912

Mein liebes Lulchen,
Dein reizend netter Brief
kam noch Weihnachten, er-
freute mich sehr. Daß Dir
mein Portraitchen ein bischen
Weihnachtsfreude gemacht
hat, war mir sehr nett zu
hören es war mit Liebe ge-
malt. Bei mir sah es auch
wie beim Weihnachtsmann
aus als ich meine Päckchen packte
es ist zu hübsch wenn ich sie
zur Post bringe, die Lichter
[illegible] ich am heilig. Abend an
[illegible], wie die [illegible]
[illegible]. Ich bin Weihnachten
in deinem [illegible]
[illegible], aber sie [illegible]
[illegible] Mutter hatte es auch
in der Jugend immer [illegible]
gewesen – da bin ich ganz be-
trübt wenn ich so lese wie
es bei Dir unfeierlich
war. [illegible] doch nicht nach
den Weihnachten zu deinen
[illegible] verheirateten
Schwestern. Ich werde mir
[illegible] abnehmen lassen,
[illegible] möchten sich deine
[illegible] war. [illegible]

STATT EINES NACHWORTES

Königsberg i. Pr.
Großer Domplatz 2
3. Januar 1912

Mein liebes Luluchen,

Dein rührend netter Brief kam noch Weihnachten und erfreute mich sehr. Daß Dir mein Paketchen ein bißchen Weihnachtsfreude gemacht hat, war mir sehr nett zu hören, es war mit Liebe gepackt. Bei mir sah es aus wie beim Weihnachtsmann, als ich meine Päckchen stapelte, es ist zu hübsch wenn ich sie zur Post bringe, die letzten schleppe ich am Heiligen Abend hier herum, wie die Katz die Jungen.
Ich bin Weihnachten in einem dreitägigen Wonnerausch, habs so reizend jetzt beim Vater – hatte es auch in der Fremde immer reizend – da bin ich ganz betrübt, wenn ich so lese, wie es bei Dir unweihnachtlich war. Kannst Du nicht nächsten Weihnachten zu einer Deiner verheirateten Schwestern? Ich werde mir Lymphe abnehmen lassen, damit möchten sich Deine Angehörigen impfen lassen, paß mal auf, da werden sie ebenso weihnachtsselig sein wie ich, und Du hast ein ganz vergnügtes Fest.
Hier war gar kein Weihnachtswetter, auch jetzt gießt es wie auf Stiefkinder, bloß Sylvester und Neujahr kamen Schnee und Frost, 7 Grad Réaumur. – Da kannst Du Dir denken, was für ein Heidenlärm auf den Straßen war in der Nacht! In dem alkoholseligen Ostpreußen ists immer schlimm, aber noch als ich am Neujahrsmorgen durch die konfettibunten Straßen um halb neun zur Bahn ging, da kamen überall Angeheiterte nach Haus. Da sich jede gute

Tat belohnt, so wars auch hier mit dem Früh-aufstehn, ich sah fünf Minuten lang unser altes Schloß in einem wahren Rosenschimmer von Morgenrot, das versöhnte mich mit dem Frühaufstehn, das meine Sache nicht ist, ich finde nie aus dem Bett.
Nicht etwa, daß ich dort wie Kollege Mörike simuliere und dichte. I wo, ich schlafe wie ein Ratz. Wecker und Wecken, kalt Wasser trinken, hell machen – alles glitscht an mir ab, ich schlafe sofort weiter, so süß wie ein Tierchen. Neujahr gelobte ich Besserung, aber siehst du Luluchen, es gelang mir wieder nicht, ich besinne mich gar nicht darauf, da schlaf ich schon wieder.
Was hast Du Dir fürs neue Jahr gewünscht? Ich wünsche Dir Gesundheit, Fröhlichkeit und viel viel Glück für die Schwyzer Fahrt. Meine Phonetik-Kenntnisse würde ich Dir gerne beibringen, das geht leider bloß mündlich. Ich habe sehr gute Stunden bei einer hiesigen Lehrerin gehabt, einer Schülerin Possarts. Da hatte ich allerlei sinnige Sprachübungen auf, die ich immer beim Kochen übte, das klang zu blödsinnig, ich mußte immer selbst darüber lachen, aber es war doch gut. Geh auch zu einer Schauspielerin, die Leutchen wissen am besten, was man braucht. Wann fährst Du denn ins fremde Land? Noch im Winter? Das muß schön sein, die Berge im Schnee zu sehn! Die Leute dort sind sicher nett und gescheit, Du wirst viel gute und kluge Leute kennen lernen und Freude haben. Willst Du noch ein bißchen nach München gehn? –
Ich bin zu Weihnachten schrecklich verwöhnt, mit den Säulenheiligen fings an, um sie herum stapelte sich alles Gute an – auch ein Wunder des heiligen Damian! Ich futtere immer noch gute Weihnachtssachen, und schmökere und ergötze mich an meinen Gaben.
Für mich haben alle Weihnachtsgeschenke immer noch etwas Wunderbares und vom Himmel Gefallenes; ich bin

ihm immer mehr dankbar als den guten Gebern, die kommen mir immer nur nach Vermittlern des Wunderbaren vor, wie Eltern beim Kind.

Daß Du so fleißig sein mußt, tut mir sehr leid, ich bin solch Faultier, da bewundre ich doppelt. Aber daß Du grad das schreibst, ist doch sehr schön und wird allen Lesern viele viele Freude machen. Ich wünsche Dir gutes Gelingen für die große Arbeit.

Gute Nacht – mein liebes Luluchen. Ich denke noch oft an unseren netten Bummel in Rom zum deutschen Zuckerbäcker! Hoffentlich bringt uns 1912 wieder solch nettes unvermutetes Wiedersehn. Das hoffe ich sehr.

Ich grüße Dich herzlich.

Deine getreue alte
Agnes-Tutt

Agnes Miegel war mit Lulu von Strauß und Torney seit Beginn des Jahrhunderts, seit beide im „Göttinger Musenalmanach für 1901" ihre ersten Balladen veröffentlichten, eng befreundet.

Das Jahr 1912 brachte ihr eine weitere Lebensfreundschaft: die mit Ina Seidel.

Die Sprechübungen Agnes Miegels „beim Kochen" sind um so erheiternder, wenn man daran denkt, daß der große Ernst Ritter von Possart (Schauspieler und Theaterleiter in München) den hoch pathetischen Vortragsstil pflegte.

Die „große Arbeit", an der Lulu von Strauß und Torney gerade schrieb, war mehr historiografischer Art: „Aus der Chronik niederdeutscher Städte", erschienen 1912. Vierzig Jahre später, nach Krieg und Flucht aus Königsberg, als Agnes Miegel in dem niedersächsischen Städtchen Bad Nenndorf eine neue Bleibe fand, hat sie noch oft darin gelesen.